# 欧洲的细节

## 从海洋帝国到欧洲联盟

叶克飞 —— 著

# European
## Details

浙江人民出版社

**图书在版编目（CIP）数据**

欧洲的细节：从海洋帝国到欧洲联盟 / 叶克飞著 . --
杭州：浙江人民出版社，2021.10
ISBN 978-7-213-10229-5

Ⅰ.①欧… Ⅱ.①叶… Ⅲ.①荷兰－历史 ②比利时－
历史 ③卢森堡－历史 Ⅳ.① K563.0 ② K564.0 ③ K519

中国版本图书馆 CIP 数据核字（2021）第 144572 号

**欧洲的细节：从海洋帝国到欧洲联盟**

叶克飞　著

出版发行：浙江人民出版社（杭州市体育场路347号　邮编　310006）
　　　　　市场部电话：（0571）85061682　85176516
责任编辑：潘玉凤　李　楠
营销编辑：陈雯怡　赵　娜　陈芊茹
责任校对：陈　春
责任印务：刘彭年
封面设计：异一设计
电脑制版：北京弘文励志文化传播有限公司
印　　刷：杭州丰源印刷有限公司
开　　本：710毫米×1000毫米　1/16　　印　　张：18
字　　数：195千字　　　　　　　　　　　插　　页：4
版　　次：2021年10月第1版　　　　　　　印　　次：2021年10月第1次印刷
书　　号：ISBN 978-7-213-10229-5
定　　价：88.00元

如发现印装质量问题，影响阅读，请与市场部联系调换。

## 我们要如何开眼看世界？

前不久，叶兄发来《欧洲的细节：从海洋帝国到欧洲联盟》之书稿，嘱我为序。

此书系《德国的细节》一书之姊妹篇。在本书中，作者把自己在荷兰、比利时、卢森堡三国的畅游经历，与当地的历史故事、社会变迁及当下景况巧妙穿插，时而白描场景，时而赏析人物，读来趣味盎然，有一种收获新知的强烈愉悦感。

收入本书的文章，一如既往，皆具轻松而不失严肃的叶式文风。即在看似简单的闲情信笔之中，尽量探讨复杂而重要的问题。比如，在谈及荷兰风车时代的文字中，作者虽未明言，但一望而知他是在剖析"荷兰与今日世界之形成"的大问题。窥一斑而知全豹，此之谓也。

荷兰的确是中国人比较陌生的国家。荷兰作为全球第一个建立资本主义制度的国家，自1588年立国以来，便为全球化的进程树立了教科书式的典范。而彼时的中国正处于明朝末期，万历皇帝懒怠政事数年，早已埋下明朝灭亡的种子。而在日本，足利义昭刚刚辞去将军之职，室町幕府的时代才结束。

但是，300年后的日本明治维新与荷兰关系极大。荷兰人垄断了从印度洋到太平洋西岸的众多城市的贸易，荷兰成为德川幕府唯一允许的西方对日贸易国家。此后，许多西方科学和人文知识均通过荷兰传播到日本。日本将这些经由荷兰传到日本的西方先进知识，称为"兰学"。1787年，森岛中良的《红毛杂话》，更是系统地介绍了来自荷兰的西方科学知识。"兰学"的传播，成为日本近代化的起点。

晚明到清初，荷兰人掌握着全球的瓷器与茶叶贸易。如明朝万历年间，中国瓷器的头号买家就是荷兰人。在学习中国瓷器制造技术的基础上，荷兰人进行了创新，发展出自己独有的蓝瓷，价值连城。因此，荷兰制造的瓷器至今在欧洲仍是高档奢侈品。清朝顺治、康熙年间，荷兰对华的茶叶贸易数量可观。虽然荷兰在全球贸易中的话语权后来被英国取代，但中国早已被荷兰这位"海上马车夫"嵌入到早期全球化贸易之中。

荷兰诞生了全球第一家股份制公司、第一家股票交易所、第一家中央银行。荷兰人格劳修斯，作为荷兰东印度公司的法律顾问，为反抗英国对国际海洋航权的垄断，写下了著名的《海洋自由论》，奠定了近代国际海洋法的基本原则。

欧元区及欧盟的诞生，与荷兰、比利时和卢森堡的关系极大。《申根条约》的签订，使欧洲各签署条约国家的人民实现自由流动。欧洲一体化是人类对政治文明与制度的重要尝试。但作者在讲这些问题时，他的抓手居然是一家在地域上分属于两个国家的酒吧，其铺面一半在荷兰，一半在比利时，以及它如何处理货币、人员、税收等问题！

作者从这样的小事入手，逐步回溯荷兰与比利时的政治制度之变迁及与人民生活之关系，常识就这样自然而然地呈现在读者眼前。其实，在看世界的时候，有很多常识是我们经常忽略的。从晚明至今，西学传入中国已四五百年，无非就是多讲常识。即便是常识，也要"天天讲、月月讲、年年讲"，原因就是有太多的人不懂常识。

在当下"流量写作"趋势中，一部作品要做到既照顾到读者之趣味，又不能丧失自身之问题意识，那是很难的。我很欣慰叶兄似乎找到了平衡点。易言之，作者既熟悉话题的表面，又熟悉话题之下隐含的问题，然后在话题里讨论问题。

我们从字里行间不难看出，作者的状态大概是在行万里路读万卷书，又在读万卷书行万里路。在欧洲旅行，假如看到一座古堡，一般人都会先举起手机拍照，叶兄却能在彼时准确地调取历史资料，写成这一篇篇文章。如果没有相当的阅读积累，万难为此。这就是最难能可贵的地方。

从晚明以来，中国人看西方世界的著作汗牛充栋。中国人对外部世界的观察与理解，经历了四百余年的艰难过程。我认为若以历史阶段划分，共有四次。

第一次是明朝中后期。利玛窦等入华传教士及徐光启、瞿汝夔等人，他们系统引入西方的数学、几何学、物理学、天文学等知识，编译大量著作，其基本概念沿用至今。

第二次是19世纪中期至20世纪初。王韬、冯桂芬、郑观应诸人，积极译介西方思想与学术著作，并通过报刊书籍将其传递给中国的知识分子与普通民众。20世纪80年代，出版家钟叔河先生认为这是近代中国人走向世界的开始，便遴选了三百多部晚清士人看西方以及亲历西方的著作，辑为《走向世界丛书》，嘉惠士林多年。

第三次是20世纪80年代改革开放初期。那时，学术界及思想界开始大量系统地翻译西方著作，中国又一次睁眼看世界。加之国门初开，留学生大增，他们为我们积累起大量观察西方世界的一手资料。这一过程虽然经历波折，但为后来的学术及文化传播埋下诸多种子，正所谓薪尽火传。

第四次是2002年中国加入世界贸易组织后，深度融入全球化进程的这近20年。这些年，中国成为出口依赖型国家，长年保持对外贸易顺差。对外交流人员、经贸往来的程度和频次大大增加。据统计，今天约有1/10的中国人拥有护照，出国旅游成为风尚。与过去不同的是，这一次睁眼看世界，不同于以往的纸上得来，而是亲眼所见。

叶兄这本书，就是这种亲眼所见的结果。如荷兰的旧时风车其实便蕴藏着中国当代问题的答案。这个世界不仅是流动的，还是相互联系的。我们应该认识到，自地理大发现之后，中国已经被紧密嵌入全球化之中，永远不可能孤立地发展，更不可能故步自封地闭门造车。睁眼看世界这件事，必定会继续下去。

　　是为序。

贾葭

2020 年 11 月

纵观世界，很少有像荷兰、比利时和卢森堡这样神奇的国家群：它们地处西欧，彼此相连但又各不相同。许多人对它们的认知仅仅是荷兰的风车与郁金香、比利时的巧克力，还有卢森堡是个小国。这三个领土总面积加起来不过是 2/3 个中国广东省的国家，却有着令世界惊叹的能量。

荷、比、卢三国都是世界发达国家之一，也是经济形态较为健康的国家之一，其中卢森堡的人均 GDP 更是多年排名世界第一。

它们都有着出色的工业和第三产业。其中荷兰的造船业和冶金业一直处于世界前列，新兴的芯片产业也后劲十足。另外，壳牌、飞利浦和联合利华等世界五百强企业更是云集于此。荷兰不仅是世界第二大农产品出口国，也是世界上畜牧业和花卉业最发达的国家之一。而比利时则是世界上最早进行工业革命的国家之一，人均出口额稳居世界第一。卢森堡虽然袖珍，却是钢铁大国，境内拥有世界第一大钢铁集团阿赛洛尔－米塔尔钢铁集团。另外，卢森堡还是世界上第二大投资信托中心，并拥有世界第二大卫星运营商——欧洲卫星公司、欧洲最大货运航空公司——卢森堡货运航空公司……

说起来，正是当年的尼德兰革命，最终诞生了荷兰这个国家。与一般的民族性国家不同，荷兰可算是世界上第一个"以商立国"的国家。荷兰人民反抗西班牙的统治，纯粹是为获取更多商业利益以更好地做生意。17世纪，荷兰依靠海洋贸易成为世界第一强国。与之前西班牙、葡萄牙的纯粹掠夺式扩张不同，荷兰人以生意为本。因此，即使后来失去海上霸权，荷兰也未曾真正没落过。至于比利时，佛兰德斯四大名城——布鲁塞尔、安特卫普、布鲁日和根特一直是欧洲经济重镇，无论工业基础还是商业底蕴，在欧洲都是数得着的。因此时至今日，荷、比、卢三国仍然被人称为"最会做生意"的国家。

因为同是弹丸小国，它们更懂得协作与和平的力量。第二次世界大战后，三国率先结盟，建立起欧共体的前身关税联盟。它们不仅是日后欧盟的重要推手，还第一批加入欧元区。令欧洲人乃至全世界旅行者受益的《申根协定》，它们同样是创始国。如今，布鲁塞尔已是名副其实的欧盟首都，卢森堡则是众多欧洲机构的所在地。

这三个小国在创造自己文化的同时，也从未忘记创新。如荷兰有凡·高、维米尔，比利时是漫画之国，是丁丁和蓝精灵的故乡，也诞生了超现实主义大师马格利特。

即使早早步入现代工业时代，这三个国家同样也与"污染"二字无缘。运河众多的荷兰宛若世外桃源，多种地貌并存的比利时景色如画，卢森堡则是著名的童话王国。时至今日，走进这三个国家，满目仍是精美的古建筑，仿佛时光从未流逝一般。布鲁日、根特、安特卫普等都是世界上古建筑保留最好的中世纪古城之一。

在这三个国家，你可以同时见到古典与前卫、繁荣与野趣、都市与自然，既可以见到历史悠久的商业体系，也可以见到不为商业所污染的艺术。

读懂这三个国家，也许就读懂了几百年来的欧洲崛起之秘密，读懂了这三国从海洋帝国时代到欧洲联盟一直独领风骚的秘密。

是为序。

叶克飞
2020 年 7 月

# CONTENTS | 目　录

## Part2　城市的细节：悠久历史造就保护城市的意识　　　/ 057

中世纪时，荷兰、比利时和卢森堡三国本是神圣罗马帝国的领土。而神圣罗马帝国境内，各个城市各自为政，反而远远超过其国家的知名度。特别是在西北方，紧邻大海的这边，每个城市更是大不相同。但它们都拥有同一个特点：城市比国家更著名。悠久的历史又令人们对自己的城市爱护有加，而这，就是荷兰、比利时和卢森堡三国的最大特点之一。

## Part3 文化的细节：凡·高、《丁丁历险记》、蓝精灵、米菲兔与其他 　　　　　　/ 153

从书本上，我们知道低地三国有诸多文化标志，如风车、郁金香与红灯区等。其实它们的真正名片，应当是凡·高、《丁丁历险记》、蓝精灵、米菲兔才对。让我们抛开以前的刻板印象，走入真实的荷兰、比利时和卢森堡。

## Part4　经济的细节：小生意人就要将店铺开到全世界各个角落 / 223

有一天，低地三国遭遇了水灾，全部被水淹没。所以人民向上帝祷告，希望上帝来帮忙。上帝从天上下来，帮助了低地三国及其人民。人民对上帝感恩戴德，纷纷向其道谢。这时上帝饿了，便坐下来吃了一些东西。当他要重新回到天上时，低地三国的人民却伸出了手，说："给钱吧。你帮助我们，我们已经向你道谢了。但你吃了我们的，就必须付钱。"

## Part5　教育的细节：为学之道，可以大成　　　　　/ 257

从中世纪起，欧洲的大学兴盛起来。特别是在英、法、德三国，各式各样的大学遍布各地。荷兰、比利时和卢森堡，恰好位于这三国之间，因此它们的大学也秉承了英、法、德的传统，实施开放自由的教育，不仅培养人才，也培养兴趣。

# 历史的细节:
## 人类第一场资产阶级革命为何
## 出现在荷兰，而不是别处

　　400 年前，世界最强大的国家不是美国，也不是英国，而是荷兰！就是这个弹丸小国，竟然打败了当时世界上唯一的"日不落帝国"西班牙。直到今天我们都在思索，这两个体量足足相差 100 倍以上的国家，为何会出现如此不可思议的结局？而今，欧洲人正在努力推动的欧洲一体化，大部分会议和纲要也都是在荷兰、比利时和卢森堡的土地上召开和签订的，可见大家对其认可程度。为何会如此呢？也许，这一切早已烙印在历史的细节之中……

## 1 风车带来的土地和国家

儿子仰着头，在烈日下眯着眼睛，饶有兴致地打量着站在面前的"老师"。

此"老师"可不是人，而是一架名为"老师"的风车。它是目前世界上仅存的一架造纸用风车，尽管外观平淡无奇，却已有数百年历史，几百年来它一直在生产优质纸张。它生产的最著名的产品诞生于1692年，据说就是那年制造的纸张后来流入美国，成为1776年美国《独立宣言》的用纸。

年幼的儿子当然不懂美国《独立宣言》的意义何等重大，他一心只对这座风车的样子感兴趣。

这里是荷兰赞丹的桑斯安斯，是荷兰最负盛名的风车村。

"老师"当然不是这里唯一的风车，它往往会被大多数游客错过，因为它并未跟游客必去的风车群在一起，而是远远矗立在田野边。

在这个距离荷兰首都阿姆斯特丹不过几十千米、风景如画的小村里，目前仍有数架风车，部分风车现已成为博物馆。其中，"戴皇冠的坡伦堡"是荷兰仅存的5架锯木风车之一，可惜不对外开放。"猫"是研磨矿物的磨坊，生产各种染色材料，向游客开放。"追寻者"和"斑点母鸡"都是榨油磨坊，至今仍在运转使用。此外，还有风车用于制造芝士或用于锯木。

这些各司其职的风车，当年令这座小镇异常繁荣。甚至因为这些风车的存在，赞丹还被视为世界上第一个真正意义上的工业区。在这一带，鼎盛时曾有800多架风车。一架架风车与一个个手工作坊，完美地与大自然融合在一起，宁静而美丽，绝无后世工业区的污染。

也是在这座小镇中，还有一栋名叫"沙皇彼得之家"的房屋。它建于1632年，曾是俄国沙皇彼得一世居住过的地方。彼得一世在年轻时有感于俄国的守旧落后，化名彼得·米哈伊洛夫下士前往西欧学习造船和航海技术。回国后，他全面推行西化改革，积极兴办工厂、发展贸易和教育，最终奠定了近代俄国的政治、经济和文化基础。这座"沙皇彼得之家"就是当年彼得一世在桑斯安斯学习造船时的住所，如今已被改造成为博物馆。

"老师"风车

站在小小的博物馆里，我们每个人都难免心潮澎湃。那个统治着庞大却落后帝国的年轻沙皇，将这座小镇当成自己的修行之地，只因为那时荷兰代表着最先进的生产力。或者说，风车代表着当时最先进的生产力。

人们认为荷兰有三大标志——风车、郁金香和红灯区。在我看来，三者其实都是经济符号。郁金香曾是世界经济史上最大的泡沫，极具代表性。红灯区则代表着荷兰对自由的领悟，红灯区的存在并未导致荷兰色情行业泛滥和社会风气淫靡，反而使其成为世界上风气最健康的国家之一。这两点我们后面还会提到。这种自由开放的态度也体现在经济领域，几百年来，荷兰一直是世界上最尊重市场的国家。

风车呢？如今散落在荷兰各处，变成景点的风车，曾是几百年前荷兰经济中最重要的一环，更是荷兰精神的见证。或者说，只有弄懂风车经济学，才能弄懂荷兰这个国家。

荷兰的风车经济学，随时代而变，各具特点。根据其特点，我觉得至少可以划分为三个时代，即"争地"时代、"海上马车夫"时代和现代文明时代。

荷兰是个低地之国，近1/4的国土低于海平面，还有1/3的面积仅仅高于海平面一米左右。千百年来，荷兰人一直筑坝围堤，与海争地，终于造就出今日的宜居之国。

风车的出现并非偶然，尼德兰地区位于西风带，又濒临大西洋，别的不多，就是风多。最初，荷兰人用手工磨制谷物，后来改用"马拉踏车"和水车，再之后他们发现并开始利用风力。

1229年，世界上第一架以风为动力的风车在这片土地上诞生，因其造价低廉且坚固耐用，很快便得到普及。当时，风车除了碾磨谷物之外，还可加工大麦、锯木、榨油……

不过风车最重要的功能还是抽水。1414 年，荷兰人发明了目前已知的世界上最早用于排水的风车。1450 年前后，风车在荷兰南部已随处可见。就像那句谚语所说："上帝创造了人，风车创造了荷兰。"也正是依靠风车，荷兰才从海洋中获取了近 1/4 的国土。

为了适应尼德兰地区湿润多雨、风向多变的气候，荷兰人不仅创造而且改造了风车。他们给风车配上活动顶篷，进而将顶篷安在滚轮上，使之能够利用不同风向工作。这就是我们现在能看到的荷兰式风车。

在斯托克豪森的《荷兰风车》一书中，专门提及中世纪时期荷兰对风车的重视。当时，为了不影响风力，风车附近禁止修建房屋和种植树木。

风车甚至是一种恩赐。《荷兰风车》还收录了一封书信："1299 年圣·尼古拉斯日后的星期四，布拉班特省和林堡省大公约翰一世在赐给阿诺德斯封地外，另赐予他可以在哈默德·冯·罗德镇（今圣乌登罗德镇）和斯金利镇（今斯海恩德尔镇）之间，挑选一处最佳地点修建一架风车的权利。同时允许其世代免交风车税。"

在很长一段时间里，拥有风车是尼德兰地区贸易中心及城镇居民才有的特权。阿姆斯特丹、海牙、乌得勒支和哈勒姆等城市莫不如是。那些足有几层楼高、拥有宽阔翼展的风车，曾是这片土地上最重要的建筑。

接着，1588 年，尼德兰联省共和国（又称荷兰共和国）宣告成立。

风车内部构造

　　学过历史的人都知道，放眼世界文明史，尼德兰联省共和国的成立值得大书特书。按照史学界的说法，这是世界上第一个"赋予商人阶层充分政治权利的国家"。

　　尼德兰地区是欧洲资本主义萌芽最早出现的地方之一，经济的迅速发展使新兴资产阶级急需建立新的社会秩序。1568年，为了反抗西班牙王国的统治和对新教加尔文派的迫害，尼德兰北方各省开始了反抗西班牙的八十年战争。

　　1579年，尼德兰北方的七个省成立了乌得勒支联盟，这便是现代荷兰的雏形。

　　1587年，新生的荷兰与英国一起击败了西班牙的"无敌舰队"。1588年，七省联合宣布成立尼德兰联省共和国。

这个共和国是以利益认同为基础，由资本的占有者建立的。当时，北方七省由一个个的自治市组成，各市主要由商人们管理。商人们构成了市议会，市议会的代表又组成省议会，省议会代表进一步组成国会。最终形成的国会，也以商人作为主体，在他们身后，是庞大的市民阶层。也正因此，荷兰的扩张以追求利益为目标，有着浓厚的商业特征。

1602 年，荷兰东印度公司成立。这是世界上第一家跨国公司，也是世界上第一家发行股票的公司。

当然，这还只是荷兰称霸世界的开始。几十年后，荷兰东印度公司拥有 1.5 万个分支机构，贸易额占全世界总贸易额的一半。1 万多艘荷兰商船游弋在世界四大洋之上，其他欧洲国家商船的总和也没有这么多。

荷兰的壮举不止于此。1609 年，阿姆斯特丹银行成立，它不仅发行各种货币，还为存款人提供众多服务，从而使得阿姆斯特丹成为当时欧洲的金融中心。此外，荷兰人还发明了人寿保险。

1648 年，西班牙正式承认荷兰独立，那时荷兰已达到商业繁荣顶点，全球各地都有荷兰人的商船，因此荷兰人也被人们称作"海上马车夫"。

这一切辉煌跟风车有关吗？是的，有关！

尼德兰地区的资本主义萌芽，正是以风车为标志的。到了荷兰称雄海上的时代，全世界的各种原料沿着海路源源不断地送至荷兰的诸多港口，又经由水道送往荷兰各地。这些来自北欧和波罗的海沿岸各国的木材、来自德国的亚麻籽和油菜籽、来自印度和东南亚的肉桂和胡椒，就这样在鹿特丹和阿姆斯特丹近郊的城镇开始进行加工。

雄狮样的荷兰地图，乔安尼斯·冯·达特库姆1650年绘制

　　这些负责加工的磨坊、锯木厂和造纸厂，都有大量风车，这是他们最为倚仗的动力来源。也正是在风车的不断转动下，人类社会最早的工业区形成了。

　　18世纪末，荷兰已有约1.2万架风车，一架风车的功率能达到惊人的6000匹马力，可见技术之成熟。这些风车可用来碾压谷物、粗盐、可可、烟叶、胡椒、芥末、柠檬等，还被用来轧滚毛呢、毛毡，造纸，染色……几乎无所不能。当然，它还具有抽水功能。正是靠着风车不停吸水、排水，荷兰的国土才不致被淹没。

　　今天，风车已经不再是荷兰人的生活必需品，因此荷兰的风车经济也进入了一个新阶段——旅游和文化保持的阶段。

如今的荷兰，围海大堤早已筑成，人们不再需要用风车抽水保全土地，曾经的海域也变成了陆地与湖泊。在这片湖泊四周，名城林立，如马尔肯、埃丹、沃伦丹、霍伦和恩克赫伊曾等。当年，它们是小渔港、磨坊区、贸易城等，但它们都有一个共同点，即都与风车有关，与荷兰的海上经济有关。直到今天，这个被称作"北海黄金贸易圈"的地区仍是世界上经济最发达的地区之一，荷兰仍是世界上最重要、最富庶的贸易国家之一。

从早期利用风车与海争地，到"海上马车夫"时代的风车工业，再到如今以风车为核心的旅游和文化保持，荷兰与风车的缘分一直在继续。

风车不仅仅是风车本身，更是荷兰人的象征。早期与海争地，体现的是荷兰人的拼搏进取精神。"海上马车夫"时代的风车工业，体现的是荷兰人在自由贸易和市场经济上的娴熟运作。至于当下，体现的是荷兰人在环保和可持续发展领域表现出的理性态度。

这个宗教政策一向宽容，对不同思想十分包容，又有着悠久地方自治传统的国家，用风车告诉我们：一个以商立国，以市场经济和契约精神为本的国家，蕴含着多么大的力量。

## 2 "城市＝国家"，且必须为自己负责

在荷兰，挖运河是一件和吃穿一样重要的大事。而且，每座城市在挖运河这件事上的不同之处，正隐藏着荷兰崛起的真正原因。

你估计该问了：为什么荷兰城市挖运河的差异隐藏着荷兰崛起的真正原因？

这要从建设运河的主体说起。谈到运河，一定绕不过中国的隋炀帝，他的好大喜功和全民总动员虽然引发了隋末之乱，但大运河工程客观上确实利在千秋。要注意的是，在中国古代，运河建设基本是国家行为，政府下命令，民众服役出力气。但在欧洲，建设运河是各个城镇甚至村落的自发行为。后来随着经济发展，运河水道才逐渐连为一体。

之所以要挖掘运河，一方面和地理有关。欧洲运河较多的国家，有荷兰、德国、法国，以及北欧的丹麦和瑞典等。这些国家地势平坦，河流、湖泊众多，又有广阔的海岸线，雨水也较充足，特别适合建设运河。另一方面，欧洲城市化较早，手工业发展快，带动了运输业的发展。在海运业兴起的同时，也需要内河航运与运河的配合。反过来，运输业的发展，又推动了手工业的质量提升与创新。可以说，欧洲商业文明的进步，就是在生产、流通和销售的良性循环中形成的。

同时，在古代欧洲，国家很少也很难规划统一的大工程，他们早已习惯因地制宜，根据自身情况和需求设计工程方案。在运河

建设上尤其如此，因为河道千差万别，在没有现代化测量、规划和设计能力的情况下，没有比当地人更好的建设者了。当然，随着经济发展、技术进步，近现代欧洲的运河挖掘也走上了国家规划的道路。比如运河系统贯穿东西南北的英国，又比如在 18 世纪时大兴东西向运河系统的普鲁士王国，但这些都已是后话。

乌得勒支的运河

在古代欧洲，当地人自行规划、设计和建设关乎民生和经济的重大工程，本身就是一种城市自治训练。它需要当地执政者的眼光和组织能力，需要民众的共同参与，需要金钱运作，需要后勤保障。在这个过程中，人们明白了自治的意义和方式。尤其是在运河历史最悠久的荷兰，这种地方自治传统更是深入人心。

荷兰的独立也因为自治传统而造就。严格来说，是当时西班牙君主意图对荷兰加强控制，冲击了城市自治权，使习惯于自治的商人和市民阶层感受到巨大危机，由此引发了激烈反抗。

从建设运河到保卫运河，其实也是推动经济和保卫经济成果的过程，荷兰人牢牢地将命运握在自己手中。在他们心里，从来就没有皇帝，更没有青天大老爷。

# 3 没钱的国王们统领不了欧洲人

在很多人的认知里，国王的形象都是有钱、生活奢靡、要什么有什么。事实上，欧洲的国王日子并不好过。关于这个问题，许多书籍中都有描述。

自中世纪以来，欧洲的国王在财政方面非常弱势。虽然实行君主制，但国王根本无法享受"普天之下莫非王土"的快感，更无法享有国家财富。这是因为王国的许多领地属于贵族封地，国王直接管辖的土地并不多，税收也有限。

中世纪的欧洲战火频仍，打仗本就需大量花钱，即使国王临时加税，也很难得到贵族的支持，仅仅靠自己直辖土地上那点税收，哪里能应付得了战争开销？

所以，很久之前，欧洲的国王们就习惯于向商人借钱。问题是借到了钱，国王也没钱还，所以常有国王宣布破产。这就是以一种耍赖皮的方式不偿还债务。但开支还要维系，还得继续借钱，因为赖账问题，又很难借到钱，于是就得答应各种苛刻条件，这真算是不折不扣的恶性循环。

法国大革命的爆发，同样与王室的巨大财政压力有关。因为历代法国国王时有欠账，法国民众的税负也相当沉重。即便如此，法国财政仍然捉襟见肘，经常深陷债务危机，国王也因此无法继续借钱。

到了路易十六时代，由于此前路易十五热衷于征伐所带来的高债务，债务压力更是沉重。法国一年的财政收入，偿还外债利息后所剩不多，更别提做别的事情了。

1777 年，路易十六提拔瑞士银行家雅克·内克尔担任法国财政总监，希望利用其丰富的人脉和经验，获取瑞士金融界的帮助。但上台后的内克尔实行了征税承包制度，大刀阔斧的改革反而让法国陷入"富人更富，穷人更穷"的局面。遭到法国特权阶层反对后，他又公布了法国政府的财政报告，这也是世界上首次有国家公布财政报告。报告中展示的法国王室的庞大开销，引来了民众的如潮批评，最终引发了法国大革命。

在荷兰，更是如此。荷兰人天生就讨厌别人从自己兜里拿钱，特别是国王们不分青红皂白地增加各种税金。

前文说过，16—17 世纪，荷兰已经成为半个欧洲的进出口中心。但是他们的吝啬也出了名。当时，英国的政治家乔治·坎宁曾经概括荷兰人性格特点说："做生意时，荷兰人的缺点在于出价太低，要价太高。"

1814 年，荷兰王国成立，第一任国王威廉二世颁布律令要求大臣要对君主负责。但很快，荷兰人就将这条律法改成了大臣要对国会负责，没必要对君主负责。因为荷兰人觉得，国王不能带领大家致富，那就架空好了。

# 4  做生意胜于争夺霸权

　　站在荷兰霍伦市芝士广场的中央，我环顾四周。最抢眼的建筑莫过东侧的称量房，它建于 1609 年，当年用于芝士贸易称重，美丽的山墙至今仍见证着昔日繁华。称量房南侧有一座雕像，是霍伦本地人简·皮特斯佐恩·科恩。17 世纪初，他是荷兰东印度公司的总督。

　　别小看这个小小的芝士广场，也别小看霍伦这个如今安静甚至毫不起眼的小城，昔日荷兰取得海上霸权，17 世纪"海上马车夫"的得名，都与这里息息相关。

荷兰霍伦称量房

我们知道，荷兰有良好的商业基础，这首先与造船业的悠久传统有关。15—16世纪，荷兰造船业的规模和技术水平均冠绝全球，仅阿姆斯特丹就有上百家造船厂。因荷兰船只质量好、造价低，欧洲各国纷纷在荷兰订购船只。

荷兰的地理位置也很关键，因为地处西欧西北角，包括北欧的木材和鱼类、中欧地区的粮食、地中海地区的葡萄酒乃至俄国的毛皮在内的各种货物，都以阿姆斯特丹和鹿特丹这样的大港为集散地。可以说，全欧洲的商品都要先源源不断地流入荷兰，然后才能流向欧洲各国。

荷兰之所以能够成为"海上马车夫"，最关键的还是在于它的商业意识和自由意识。荷兰的经济奇迹贯穿整个17世纪，对世界经济的影响极为深远，因此荷兰被学界视为欧洲第一个现代经济体。17世纪后期，荷兰GDP比英格兰、苏格兰和爱尔兰的总和还要高出30%以上，不到200万的人口，约为英国人口的40%，人均GDP的优势却如此巨大。

荷兰的近代化始于从1568年延续至1648年的八十年战争，这是一场为了抗击西班牙帝国的统治而爆发的独立战争。

这场独立战争最重要的成果是新国家的建立，即尼德兰联省共和国成立。1587年12月，享有独立主权的荷兰共和国出现于欧洲版图之上。1648年的《威斯特伐利亚和约》签署后，荷兰共和国的主权完全确立，欧洲经济也随之迎来转折。

这个转折来之不易，以发达商业和海上贸易著称的荷兰，崛起之路本身就是一条与旧式垄断贸易决裂的斗争之路。在此期间，荷兰与西班牙冲突不断，荷兰甚至让一度称霸世界的西班牙苦不堪言。而从 1648 年到 1715 年，荷兰人最主要的敌人由西班牙人变成了英国人，双方一度势均力敌，随后荷兰渐渐衰落。这一时期的荷兰人，拥有世界上最庞大的船队，贸易遍布大西洋、太平洋和印度洋，联省共和体制下本土和殖民地都有城市自治、地方分权、宗教宽容和经济自由。

# 5　做生意的荷兰人

最近，电视上和各种微信公众号上，经常提到中国与欧洲人的茶叶贸易。的确，茶叶贸易曾让荷兰人赚得盆满钵满。更重要的是，虽然荷兰人抵达东方的时间比葡萄牙人晚了一个世纪，却是首先将茶叶输入欧洲的国家。1607 年，荷兰人从中国澳门将茶叶运往印度尼西亚，并于 1610 年带回荷兰，从而开启了欧洲与中国的茶叶贸易。

整个 17 世纪，荷兰都是西方最大的茶叶贩运国。除自身消费外，他们还将茶叶贩卖至欧洲其他国家和北美殖民地。就像中世纪威尼斯商人转售香料获取暴利一样，茶叶的利润也相当惊人。当时，阿姆斯特丹每磅茶叶售价为 3 先令 4 便士，而到了英国的伦敦则高达 2 英镑 18 先令 4 便士。

1729 年，荷兰东印度公司开启了对华直接贸易，用今天的话来说，就是"没有中间商赚差价"。他们在广州收购的茶叶，回到荷兰以 2—3 倍价格出售，卖到其他国家就更贵了。

建设巴达维亚，选自阿特拉斯·范·德·哈根的《海牙》一书第四部分，现藏于克宁克莱克图书馆

瓷器生意同样如此。成为海上霸主后，荷兰一直是中国景德镇瓷器的最大买家。仅仅在 1602 年到 1657 年间，运往荷兰后又转往欧洲其他国家的瓷器就达 300 万件以上。荷兰人作为外来者，甚至还掌控了亚洲的瓷器流通生意，先后将数百万件瓷器运往印度、锡兰、缅甸和中亚诸国，尤其是钟爱瓷器的日本，更成为荷兰最主要的瓷器倾销地。

另外，精明的荷兰人并不单纯购买瓷器，他们还在中国购买原料、寻找工人在日本生产瓷器。如著名的伊万里瓷器就在这个时期诞生，日本瓷器也因此源源不断流向欧洲。17 世纪初期，荷兰人研发出著名的代尔夫特瓷器，至今仍是世界顶级瓷器品牌。

荷兰的联省共和时代，一直是史学界的重点研究对象。这个以商业为基础的政治形态，即使到了今天仍然值得借鉴。

当时的荷兰有高度活跃的城市经济，七个联合省均有密集的城市网，并实现了城市自治。当时由于每个城市各自征税，城市管理者为了发展商业，就必须维护公民权益，并营造个体自由。同时，因为"联省"的缘故，各城市利益捆绑，从而形成共同体。因此必须群策群力，相互联系，即使是最强大的阿姆斯特丹城也不例外。因为利益的共同捆绑，城市间的协作变得十分重要，每个城市各司其职，比如代尔夫特、哈勒姆就以工业见长，鹿特丹作为港口则长于造船业和对外贸易，海牙是当时的政治中心，负责内部协调与对外沟通。

如今世界上许多国家崇尚信仰自由，当时的荷兰就已实现。正因如此，它接纳了大量移民，城市迅速壮大。所谓"尼德兰民族"，其实"兼容"了佛兰德斯人、瓦隆人、德意志人、葡萄牙人、犹太人和法国胡格诺教徒等诸多民族和宗教人员。

在联省共和下，荷兰的商业利益被放在了第一位，不管谁掌权，商业利益都是关键。甚至连欧洲人最重视的宗教都可以退而居其次，比如天主教国家不允许女性堕胎，荷兰东印度公司的一些商人就会开着小船在葡萄牙、法国和西班牙等天主教国家附近的公海游弋，专门提供堕胎医疗服务。虽然看起来有些"为了赚钱不择手段"，但从中也可看出荷兰人的精明。

正是在这种利益考量之下，荷兰人才完成了诸多历史壮举。除了前文提到的证券交易所和国家银行之外，后面还有许多耐人寻味的细节我会为大家一一道来。

比如我们现在常说的"进口替代"概念，荷兰人当时就已有尝试。1672 年，荷兰与法国的关税之战打得激烈。法国人为抑制荷兰造船业而停止出口帆布。但荷兰人抱团取暖，哈勒姆等工业城市迅速反应，生产大量亚麻帆布，不仅满足了本土造船业的需要，还实现了真正的"进口替代"。更厉害的是，荷兰人打开这一市场空间后，还"变本加厉"地进入英国和西班牙，抢占了原先属于法国的市场。即使法军因此入侵荷兰，可在商业市场上仍然无法占到便宜。

直至今天，荷兰仍然是世界上贸易最发达的国家之一。这个国土面积小、自然环境恶劣的国家，富庶安定，人均 GDP 和可支配收入长期位居世界前列，坐拥阿姆斯特丹、鹿特丹等全球最具活力城市。这一切说到底还是因为它继承了旧日传统。

当然，前文说到的霍伦其实也继承了这样的传统，它古朴优雅，保留着旧时街巷与建筑，随处可见昔日荣光。但它也没有仅仅活在过去，而是繁荣商业与富庶生活并存，就像荷兰其他城市一样，它也安定而宜居。

# 6 不真实的郁金香泡沫故事

相信大家都不会忘记，大仲马曾在其名作《黑色郁金香》里这样称赞一款名为"黑寡妇"的郁金香："艳丽得让人睁不开眼睛，完美得让人透不过气来。"他还在书中提到一座种满郁金香的城市，即荷兰的哈勒姆。这座名为哈勒姆的古老小城，几个世纪来一直盛产郁金香，自1630年以来一直是郁金香交易中心。即使在以鲜花闻名的荷兰，它也是首屈一指的"花城"。虽然如今游客更为熟知的花城是库肯霍夫，但库肯霍夫原本只是城堡附属花园，经过多年发展后才变成如今荷兰最大的花园。不像哈勒姆，历史悠久，而且这里不但有花，还有交易。

距离荷兰首都阿姆斯特丹仅仅20千米的哈勒姆，如今看来是一座不折不扣的小城，但它当年是荷兰第二大城市。哈勒姆始建于10世纪，1245年建市，中世纪后期依靠纺织业、酿酒业和造船业繁荣一时。

后来，哈勒姆成为荷兰的郁金香交易中心。时至今日，哈勒姆城外还有绵延花海，不仅有3000公顷郁金香，还有其他花卉。

不知大家是否知晓，如今仍坐拥3000公顷郁金香花海的哈勒姆，曾是一场经济泡沫的中心地带！在这里，一场被视为经济史上第一大泡沫的郁金香泡沫，曾险些毁掉荷兰这个曾经的世界第一强国。

哈勒姆市政厅

　　荷兰的郁金香并非土生土长，而是来自中亚平原。但中亚并未成为郁金香的发迹之地，反倒是在荷兰，郁金香找到了自己的"主场"。1554 年，奥地利驻奥斯曼帝国大使在伊斯坦布尔的宫廷花园里初识郁金香，并将一些种子带回维也纳。经过奥地利植物学家克卢修斯的悉心栽培，郁金香在欧洲生长起来。1593 年，克卢修斯受聘担任荷兰莱顿大学植物园主管，又将郁金香带到荷兰。

　　很快，郁金香就受到荷兰上层社会的关注，许多贵族都希望能向克卢修斯购买一支郁金香，但都被后者拒绝。但是郁金香的魅力太大，克卢修斯的不肯成人之美之举，最终引来了小偷。克卢修斯为此十分恼火，将手上的郁金香球茎全部送给在荷兰的朋友。结果，郁金香在荷兰迅速流传，也成为那个时代的花卉时尚。

　　关于郁金香泡沫，我们熟悉的说法是这样的：

17世纪的欧洲，因为经济的发展、物资的丰富，社会风气为之一变，贵族和商人的生活日益奢靡。对于当时的上流社会来说，能够体现身份的最好标志就是豪宅、花园和鲜花。郁金香出现后，很快就成为上流社会的标志之一。

当时，郁金香虽然已在欧洲种植和流传，但毕竟引入时间短。而且郁金香原本就是难以短时间培育的植物，球茎母体只能生长几年，而从种子开始培育到开花需要3—7年时间，因此数量有限，价格十分昂贵。所以谁家里有郁金香，都会当成奢侈品用于炫耀。除了花朵之外，以郁金香装点宴会和家居也是一种炫耀方式。郁金香甚至还会被当成女性装饰品，当年巴黎女子上街，若能戴上一朵郁金香，堪比钻石。

其实最早把郁金香奢侈品化的不是荷兰，而是17世纪初的法国。1608年，就已经有磨坊主为了获得一支郁金香球茎而卖掉自己的磨坊。还有人用价值3万法郎的珠宝去换取一支郁金香球茎。

天性浪漫的法国人做出这种事，并不让人感觉奇怪。但荷兰人沉迷于郁金香，却让不少人诧异。要知道，荷兰人一向低调务实，这个与海争地、热衷做生意的国家，比法国人能干多了。他们经历了尼德兰革命的胜利，经历了"海上马车夫"的辉煌，还是17世纪的世界最发达国家。这样一个国家，居然会集体沉迷于一样东西？

有人将之归结为"成也冒险精神，败也冒险精神"，因为热爱冒险而开创了"海上马车夫"时代的荷兰人，在投机面前也选择了冒险。

据记载，当时首先是投机商开始囤积郁金香球茎，继而舆论也推波助澜，将郁金香包装为奢侈品和身份的象征。荷兰人便开始抢购郁金香球茎，尤其是那些被神化的稀有品种。有意思的是，被视为稀有的那些色彩斑斓的郁金香品种，其实都是被一种特定的郁金香花叶病毒感染所致。

1634 年开始，荷兰全国上下都为郁金香疯狂，许多人倾家荡产地去收购郁金香球茎，希望能炒出好价钱。他们一开始确实也赚到了钱，低吸高抛，就有钱赚。在赚钱效应下，越来越多的人选择将全部积蓄都投进去，甚至还有人卖房"炒"郁金香。可见，许多人是在"踏空"的懊恼中选择高位入场的。

拥有世界上第一个证券交易所的荷兰，在郁金香狂潮中又实现了金融史上的一个创举——开设郁金香交易所。当时欧洲各国投机商都盯上了郁金香，为方便交易，荷兰人在阿姆斯特丹证券交易所内开设了固定的郁金香交易市场。此后，鹿特丹等城市相继开设了郁金香交易所。

1636 年，郁金香价格已达到惊人地步。不但稀有品种价格高昂，连普通郁金香的涨幅都十分吓人。1637 年 1 月，一个普通品质的球茎为 60 荷兰盾，一个月后就达到了 1600 多荷兰盾，而当时荷兰人的平均年收入仅仅是 150 荷兰盾，熟手工匠也不过 250 荷兰盾。稀有品种的涨幅就更夸张了，有一款"永远的奥古斯都"，1623 年的价格为 1000 荷兰盾，1636 年竟然涨到 5500 荷兰盾，1637 年 2 月更是达到 6700 荷兰盾的峰值，足以买下阿姆斯特丹运河边的一幢豪宅。

当时关于郁金香的故事数不胜数，当然，有人质疑其中不少是捏造的。

郁金香图谱，选自《植物学杂志》第一卷，
[英]西德汉姆·安德华兹1804年绘制

在这场泡沫中，许多故事都与哈勒姆有关。比如海牙有个鞋匠培育出了一棵黑色郁金香，结果一群来自哈勒姆的种植者马上以1500荷兰盾的高价买下。让所有人意想不到的是，买家得到这棵郁金香之后，立刻将之摔到地上踩烂。因为他们也有一棵黑色郁金香，所以才高价购买后踩烂。

还有个著名的故事，7个孤儿从辞世的父亲手上继承了一笔遗产，不是房子也不是钞票，而是70株郁金香球茎。70株总共卖了53000荷兰盾，其中一个稀有球茎更是卖出了5200荷兰盾的高价，要知道，这53000荷兰盾相当于一个荷兰人辛苦工作350年的收入！

当时，郁金香甚至还承载了部分货币功能。有数据显示，一株稀有郁金香球茎可以换4头牛、8头猪、12只羊、2大桶红酒、4桶啤酒、1000磅芝士、2吨黄油、1张床、1个银制杯子、1套做工精细的衣服、2.5吨麦子和5吨的黑麦。请留意，是总共能换这么多，而非单独交换其中一种。当时，这些东西加起来大概需要 1500—2000 荷兰盾，居然只能换来一株球茎！甚至用郁金香球茎换取房屋、土地和农场的例子也不罕见。

一个普通的花卉球茎居然能值普通人 10 年的收入，一个稀有的花卉球茎居然能换来庄园，这显然是不正常的。更糟糕的是，因为市场供不应求，居然还一"球"难得。结果荷兰人只能开始买卖第二年（1637 年）将要成熟的郁金香球茎。换言之，荷兰人开创了郁金香期货市场！人们在期货市场上的买空、卖空，更助长了郁金香泡沫。此时，郁金香球茎已成为荷兰第四大出口产品，仅次于杜松子酒、鲱鱼和芝士。讽刺的是，沉迷于郁金香期货交易、渴望一夜暴富的投机者中，有不少人甚至连郁金香长什么样都不知道。

就像股票市场的非理性疯涨必然导致暴跌一样，郁金香的泡沫也会破碎。但直到今天，都没人搞清楚郁金香泡沫是如何破裂的。

有一个著名的说法，称一名外国水手将船主花 3000 荷兰盾买来的郁金香球茎当成洋葱吃掉了，等于这一顿饭吃掉了全船船员的全年收入。

但要说人们因为这件事认清了郁金香价值的脆弱，显然有段子的成分。

目前最可信的郁金香泡沫破裂原因，仍旧和哈勒姆有关。1637 年 2 月，在哈勒姆的一场例行郁金香球茎拍卖会上，买家们第一次拒绝出席，而这一行为被投资者们理解为市场见顶信号，引发恐慌。郁金香市场随即崩盘，几周后的价格就跌至原先的 1% 甚至更低。

如果事实真的如此，那么哈勒姆的这场拍卖会引发的蝴蝶效应威力堪称惊人。虽然后人看来，郁金香泡沫迟早有破碎的一日，但大家仍然会感慨于导火索出现的偶然性。

根据分析，买家们之所以缺席这场拍卖会，是因为当时有严重的传染病暴发。不过无论原因是什么，这之后郁金香价格一落千丈，普通品种更是一文不值，还比不上一颗洋葱。

为此倾家荡产的人们只能求助于法院，希望法庭能帮他们兑现合同。但郁金香交易原本就是一环扣一环的连锁反应，集体暴跌之下，无人能独善其身。许多人倾家荡产，富商、贵族都成了乞丐，对此荷兰政府也无能为力。1637 年 4 月 27 日，荷兰政府决定终止所有未兑现的郁金香合同，禁止投机性郁金香交易。

在传统记载中，郁金香泡沫的影响极为深远。它使得荷兰陷入经济大萧条，也渐渐失去了海上霸主地位，继而被英国所取代。

不过，近年也有许多人质疑，郁金香泡沫虽然存在，但对郁金香泡沫的记载，其实是一个更大泡沫中的一个组成部分，记录者显然夸大了郁金香交易的影响。

现在关于郁金香泡沫的记载，多半出自 1841 年出版的《非同寻常的大众幻想与群众性癫狂》，作者是苏格兰历史学家查尔斯·麦凯。

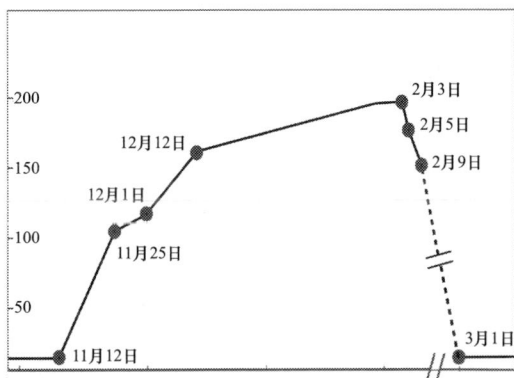

从 1636 年 11 月 12 日到 1637 年 3 月 1 日的郁金香合约标准化价格指数变动图，其中 2 月 9 日快速探底，无法知晓下跌路径，故用虚线表示

他在书中写道："谁都相信，郁金香热将永远持续下去，世界各地的有钱人都会向荷兰发出订单，无论什么样的价格都会有人付账。欧洲的财富正在向须德海岸集中，在受到如此恩惠的荷兰，贫穷将会一去不复返。无论是贵族、市民、农民，还是工匠、船夫、随从、伙计，甚至是扫烟囱的工人和卖旧衣服的老妇，都加入了郁金香的投机。无论处在哪个阶层，人们都将财产换成现金，投资于这种花卉……在没有交易所的小镇，大一点的酒吧就是进行郁金香交易的'拍卖场'。酒吧既提供晚餐，同时也替客人确认交易。这样的晚餐会，有时会有二三百人出席。为了增加顾客的满足感，餐桌或者餐具柜上往往整齐地摆放着一排排大花瓶，里面插满了盛开的郁金香。"也正是麦凯声称，荷兰商业遭遇了郁金香泡沫的毁灭性打击。

这种观点直到 20 世纪 80 年代仍无人质疑，但到了 20 世纪 90 年代，对于有效市场理念的支持者来说，郁金香泡沫显得有些过于玄乎了。

历史学者安妮·戈德加的著作《郁金香：荷兰黄金时代的金钱、荣誉和知识》是质疑论的最重要著作。在她看来，要理解郁金香，就必须先了解 17 世纪的荷兰社会。

当时的荷兰，通过国际贸易赚取了巨额财富，阿姆斯特丹、哈勒姆和霍伦等城市都成了欧洲最重要的贸易中心。这个由商人主导的国家，在经济腾飞后，开始寻求生活中的文化价值，结果博物学就此兴起。在这一背景下，荷兰人乃至欧洲人迷恋异国情调，迷恋东方商品，都成了潮流。这些潮流使东方来的商品价格飙升，郁金香的备受欢迎，恰恰基于这一土壤。

戈德加通过对郁金香合约存档的研究还发现，当时"并没有太多人参与（郁金香炒作），经济影响相当小"，大量关于郁金香泡沫的报道，其实都是基于一两件事情的剽窃、复制和炒作。根据数据，即使在郁金香交易达到顶峰时，参与者也只集中于商人和工匠之中。

研究者跟踪了当年郁金香市场知名买家和卖家的生活状况，发现在郁金香泡沫之后，有据可查的发生财务问题者只有6人。而且，即使是这6个人，他们的财务问题是否来自郁金香交易也未可知。

还有研究者以19世纪初的风信子作为对比。当时，风信子取代郁金香成为最时髦的花种，价格也一度狂飙，但此后也慢慢下跌，直至峰值价格的1%才停下。

那么，郁金香泡沫为什么会被夸大？这跟当时的宗教观念有关。17世纪，荷兰的社会财富飞速增长，经济的过快发展引发了许多人的社会焦虑。虽然荷兰一直都是相当开放的国家，但不代表宗教完全开放。那时，一些人开始印刷小册子，宣扬财富有毒论，认为消费主义会引发社会堕落。所以，他们借助郁金香狂热，意图教化民众。有研究者认为，那些关于郁金香泡沫的故事，比如前文提到的水手将郁金香当成洋葱吃掉、清洁工人倾家荡产入市等，最早都见于这类小册子，或许有很重的捏造成分。毕竟，写这些小册子的人从来都不是受害者，而是宗教人士。

应该说，宗教层面的劝诫起到了很大效果，荷兰人后来一度很厌恶郁金香，也将之视为投机教训，又重新回到踏实的路子上来。

到了今天，荷兰人依旧朴实，荷兰也重新成为郁金香的王国，而且还占据了全世界郁金香出口量的八成以上。至于哈勒姆这座老城，经历了风风雨雨，依旧保持着旧时模样。

# 7  荷兰人的东印度公司

荷兰东印度公司，准确名称应叫"联合东印度公司（VOC）"，堪称"联省共和"的产物。

1602年，联省议会大议长奥登巴恩韦尔特与一群从事远洋探险和贸易的冒险家合作，组成了注册资本有650万荷兰盾的联合东印度公司，该公司很快就成为荷兰拥有最多雇员的贸易实体。当时，东印度公司在荷兰境内设置了6处办公室，分别位于阿姆斯特丹、代尔夫特、鹿特丹、米德尔堡、恩克赫伊曾和霍伦等6座城市。

荷兰东印度公司的运作，充分体现出荷兰人的商业头脑。这是一家名副其实的股份制公司，也是世界上第一家股份制公司。它依靠国家信誉以近代股份筹资的方法吸收和募集社会资金，以维持对外贸易所需要的庞大资本。而且为了吸引资金，股份切割极小，绝对"丰俭由人"。但为了保证公司决策，董事会的17人掌握着绝大多数股权。为了体现股份的价值，荷兰还创立了世界上第一家股票交易所，赋予股票流动性，以达到融资效果，这也是世界经济史上的一个创举。也正是因为荷兰商业的繁荣，1609年，荷兰人创办阿姆斯特丹国家银行，这也是欧洲首家国家银行。

当然了，东印度公司可不光是做生意，还喜欢打仗。这家公司雇用的冒险家和雇佣兵，先后击败了西班牙人、葡萄牙人和英国人，抢了不少地盘，甚至还在印度东西海岸、日本和中国台湾地区设立商行。

荷兰东印度公司旗帜

荷兰人的生意头脑厉害，做起事来也滴水不漏。他们很早就懂得法理的重要性，如 1603 年，东印度公司曾与西班牙人有过一场争夺战，最后荷兰人获胜。即使后来对簿公堂，东印度公司也以胜诉告终。不过得理不饶人的东印度公司居然受此启发，找到一位著名律师，请其撰写一份详尽的法律报告，以便在今后诉讼中有法可依。这位名叫格劳修斯的律师写成报告后，又将其中一章独立整理成书，也就是著名的《海洋自由论》。

到了 1669 年，荷兰东印度公司已成为世界上最富有的私人公司，它拥有超过 150 艘商船、40 艘战舰、5 万名员工、1 万名佣兵，股息高达 40%。荷兰的商船总吨位在 1670 年便已超过了英、法、德、西、葡等主要欧洲国家的总和。

在荷兰东印度公司的发展历程中，在霍伦土生土长的简·皮特斯佐恩·科恩地位尤为重要。1619 年，他担任东印度公司总督。也正是他，建立了亚洲范围内的贸易体系，并把生意做到了中国、日本和朝鲜等国家。1640 年他还占领斯里兰卡的加勒，打破了葡萄牙人对肉桂贸易的垄断。

简·皮特斯佐恩·科恩像，
17世纪雅各布·沃本绘，
现藏于荷兰西弗利斯博物馆

　　1799年，荷兰东印度公司解散。在近200年时间里，荷兰东印度公司共向海外派出1722艘船只，约有100万欧洲人搭乘4789航次的船只前往亚洲。

　　在荷兰之前，葡萄牙人和西班牙人曾主宰海上霸权。当葡萄牙人和西班牙人的霸权被荷兰人替代后，二者都步入没落。时至今日，伊比利亚半岛两国早已是不折不扣的二流国家，仅有旖旎风光和宜居环境可供慰藉，经济在欧洲属中游，在发达国家里排名中下游。而荷兰的海上霸权在被英国人替代后，虽也逐渐没落，但GDP、人均可支配收入和经济健康度始终位于世界前列，直至今天仍然是世界上最发达的国家之一。

　　之所以有此区别，实与荷兰人对商业的重视有关。在西班牙掌握霸权的时代，商业体系中国家是最大的商人，国王和贵族依靠海外贸易的财富享乐，并不关心商业本身。大航海时代开启后，地理上的大发现必然需要武力的支撑，掠夺也就成了海洋国家赚取第一桶金的必备法宝。荷兰的发迹史当然也少不了血腥阴暗面，比如17

世纪 20 年代，荷兰人就通过血腥屠杀独占班达群岛，获取肉豆蔻的生产和销售权。

但是，相比西班牙人和葡萄牙人的一味掠夺，荷兰人更喜欢做生意。也正是通过做生意，荷兰人实现了原始积累，进而又将原始积累用于国内工商业发展，最终实现了商业的良性循环。

## 8　欧盟第三首都：卢森堡

小学时我酷爱翻阅地理类书籍，也善于背诵国名和首都名。特别是当遇见那几个国名与首都名基本相同的国家，总会觉得很有意思，比如卢森堡大公国和其首都卢森堡就是其中之一。

以上算是与卢森堡的"神交"，但我与它的初见则要延到20多年后。

那天从巴黎驾车前往卢森堡，抵达时已是下午。酒店在老城外围的新城区，极容易找，可是酒店提供的停车场却在邻街的地下车库，我起初不知道，开到酒店门口才知道已经过了头。整条大道都是实线，不能掉头，只能兜个圈。一来一去，加上停车再走回酒店，足足折腾了十几分钟。

不过我趁此机会，在新城区里晃悠了一下。在这里，我透露一点，欧洲城市所谓的新城区，并非中国人理解的概念。中国人眼中的新城区都是近年兴建，必有高楼大厦，车水马龙，有些还成为城市新中心。欧洲城市所谓的新城区，往往只是相对老城区而言，像布拉格和卢森堡的新城区，其实也有几百年历史！说它们是新城区，无非是比老城区新一些而已。满街的历史建筑，还多少带着工业革命的气息。

从这里前往老城区，步行10分钟即到，那也是游客最为集中的历史中心。老城区沿着佩特罗斯大峡谷而建。这个东西走向、60米深、过百米宽的大峡谷，恰恰是卢森堡新旧城区的"分隔线"。

从酒店步行至老城区，沿途会经过一些写字楼街区，与这个城市的主流建筑一样，最多不过四五层。老建筑与这 30 年来的新建筑交错，看样子平平无奇，若是你了解卢森堡经济就会知道，这当中藏着许多大企业的总部。

它们与欧洲法院、欧洲审计院和欧洲投资银行一起，见证着卢森堡这个弹丸小国的强大经济。

大航海时代后，海洋文明占据了绝对主导地位，众多沿海国家也依靠海洋贸易成为世界强国。尤其是近代经济发展较早的欧洲，几乎所有发达国家都有海岸线。试看今日的英国、法国、德国、荷兰、瑞典和丹麦等，莫不如是。

卢森堡老城与新城的交界处

　　说海洋决定了西欧和北欧的经济发展，一点也不夸张。但内地是不是就没活路了？还真不是。你可知道，卢森堡这个西欧地区最发达国家、世界上人均收入最高的国家，其实就是一个不折不扣的多山内陆国？

　　这个被法国、德国和比利时包围，国土面积仅 2500 平方千米（比北京市怀柔区大一点）、人口仅仅 60 多万的国家，不但人均收入排名多年稳居世界第一，还是欧洲法院、欧洲审计院和欧洲投资银行的所在地，其首都被称为继比利时布鲁塞尔和法国斯特拉斯堡之后的"欧盟第三首都"。不仅如此，它还是高度发达的工业国家，全球最大的钢铁冶炼技术出口国，欧元区内最重要的私人银行中心，它有仅次于美国的全球第二大投资信托中心，还是世界上第一个完成地面数字电视转化的国家，掌控着拥有 40 颗卫星、覆盖全球九成以上区域的世界最大卫星运营集团。

　　这就是卢森堡，一个不但小而美，还小而强的国家。

# 9　在申根，20 多个国家没了边境

有一次，我从国内乘飞机飞往奥地利首都维也纳。下飞机后，第一时间驾车前往 70 千米外的匈牙利肖普朗，等夜宿一晚后，第二天又重返奥地利游玩。之所以如此选择，第一是因为两者距离很近，第二是肖普朗是游客罕至却很值得停留的中世纪古城，第三是酒店也远比奥地利便宜。之后两三天时间里，我在奥、匈两国反复出入的次数，连我自己也记不清。

还有一次，我从荷兰恩斯赫德驾车前往荷兰布尔坦赫。100 多千米的车程，其中大部分时间都在同一条高速公路行驶。可国内手机运营商的短信反复响起，提示你进入新国家的资费，这是因为这段路不断在荷兰和德国两国间穿插。

类似的体验还有很多，在申根区内驾车过境，见不到岗哨关卡，只有路边欧盟统一的国名标牌和小小的旧时界碑。很多时候，你甚至会在顺畅的驾驶中忽视这一切。对于旅行者来说，获得一个能畅游二十几个国家的申根签证，堪称世界上最划算的签证。

为什么叫申根签证？这是因为《申根协定》的签署地就在卢森堡小镇申根。1985 年，德国、法国、比利时、荷兰和卢森堡五国在这里签署了《关于逐步取消共同边界检查》协定，即《申根协定》。此后，《申根协定》的成员国逐步扩大为 26 国，包括奥地利、比利时、丹麦、芬兰、法国、德国、冰岛、意大利、希腊、卢森堡、荷兰、挪威、葡萄牙、西班牙、瑞典、爱沙尼亚、拉脱维亚、立陶宛、波兰、捷克、匈牙利、斯洛伐克、斯洛文尼亚、瑞士、马耳他和列支敦士登。

30多年前的五国，在小城镇里画了个圈，彼此间国境线就被淡化打破，继而扩展至大半个欧洲。旅行者因此受益，而更大的受益者则是申根区民众，他们得以更自由地流动迁徙，享受无边界的便利，也享受着无国界经济带来的种种好处。

尽管近两年来，欧盟一度受难民问题困扰，《申根协定》的价值观也曾被质疑，但人们仍可在申根区内畅行。这个人类历史上最伟大的尝试之一，至今仍在继续。

只有站在卢森堡申根小镇的土地上，你才能明白《申根协定》为何选择在此签署。《申根协定》的五大创始国原本就是紧密邻国，尤其是卢森堡，恰恰被德国、法国和比利时三国所包围。

位于申根小城的《申根协定》纪念碑

距离卢森堡 30 多千米、位于国土南端的申根，与德国隔摩泽尔河相望。一座大桥将二者相连，无论开车还是步行，都可轻松跨国。过桥后，沿着德国土地走上一阵，又会踏上法国的土地。换言之，地处卢德法三国交界的申根，可以完美诠释《申根协定》的意义。而当年，《申根协定》就是在停泊于摩泽尔河上的邮轮中签署的。

坐在摩泽尔河岸边，感觉惬意。河岸两侧遍布草木，绿意盎然。背后的申根小镇，不过几十户人家，但一座座庭院充满生活气息。在它们的掩映中，可见一座申根博物馆立于道旁，还有一座船形的申根商店建于河岸边。

卢森堡这个弹丸小国，在此过程中显然出力不少。因为国土小，又地处内陆，对别国的依赖性强，卢森堡一直是欧洲一体化的重要推动者。它是欧盟的创始国之一，它的首都也是欧盟三大首都之一，还是《申根协定》的创始国之一。

《申根协定》的核心内容，就是取消申根国相互间的边境检查点，并协调对申根区之外的边境控制。根据该协定，旅游者如果持有任意一个申根国家的旅游签证，即可合法地到达所有申根国家。

刚提出这个乌托邦式的设想时，连创始者们都无法相信它能否实现。因此，《申根协定》签署时，除五个创始国外，当时欧共体的其他几个国家都表示反对，五个创始国也没有任何一位首脑出席签署仪式。在很多人看来，《申根协定》并不可行，即使实行也只是权宜之计，不可能长久。结果，直到协定签署 10 年后，也就是 1995年，五个创始国才真正开始实现边界自由互通。

谁也没想到，在之后的十几年间，申根区迅速扩大至 26 国，人们对这一政策带来的自由流动甘之如饴。

# 10  用小城市推动欧洲一体化

第二次世界大战之后，曾是世界中心的欧洲痛定思痛，反思战争，最终实现了战后共识。而此共识的核心就是以协商与合作的形式达到利益最大化。

1948 年的荷、比、卢三国关税同盟，可算是欧洲一体化的先声。1950 年，法国倡议建立欧洲煤钢共同体计划。1958 年，欧洲经济共同体诞生。1965 年，欧洲共同体简称欧共体诞生。欧共体的宗旨就是"在欧洲各国人民之间建立不断的、愈益密切的、联合的基础，清除分裂欧洲的壁垒"。

1991 年，欧共体 12 国首脑在荷兰的马斯特里赫特通过了《欧洲联盟条约》，该条约于 1993 年 11 月 1 日正式生效，从而宣告了欧洲联盟即欧盟的诞生。按照欧盟规定，欧盟内部将实现资本的自由流通，发行统一货币，形成统一市场，制定共同的经济政策，实行共同的外交、防务措施，并加强司法及内政事务上的合作等。

申根区与欧盟的成员国并不完全相同，却是高度重合的。与欧盟一样，它也是欧洲一体化的伟大尝试之一，因为其形成了一个无边境关卡的人员自由流动区，淡化了所谓的主权象征。

之所以说它是人类的伟大尝试，是因为它重拾人类自由流动的梦想。

其实，在人类诞生之初，部落为了求生存，时常进行迁徙，人类文明也因此流转交融。直至今日，移民仍然是人类文明无法回避的母题之一。同样，在人类历史上，因为对领土和边界的执念，敌视与战争从未间断，人类的迁徙融合也频频受到限制。

现在，《申根协定》解决了这些问题，申根区内的几亿民众可以随时跨国旅行和打工，荷兰人可以去价钱更低的德国加油站加油，比利时人可以去卢森堡加油，卢森堡人可以选择去更便宜的德国吃饭……

那么，申根和经济又有什么关系？关系可太大了！

最重要的是，《申根协定》带来了劳动力的自由流动。这种流动是双向的，一种是"人往高处走"的流动，即从经济相对落后地区向经济发达地区流动，类似中国人涌向"北上广深"。一种则反向而行，有点类似我们的"到西部去"。

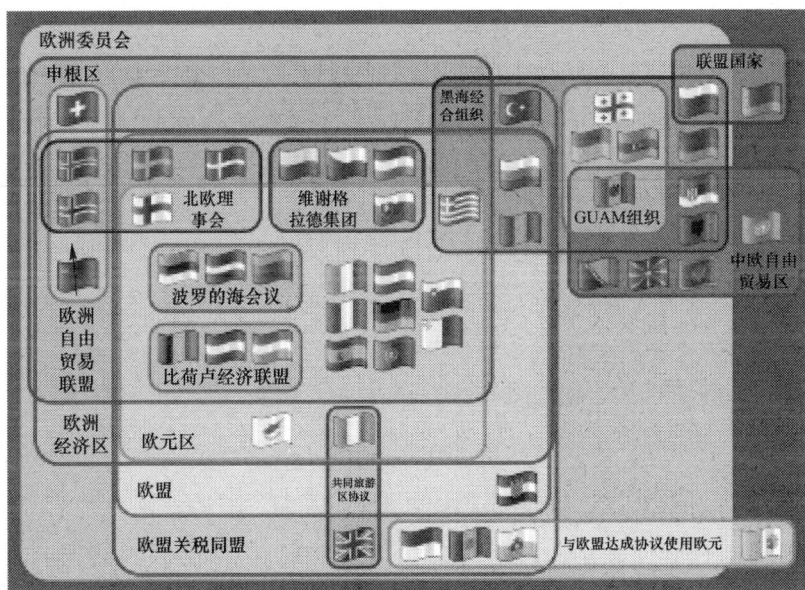

欧洲跨国组织和协议之间的关系①

在《申根协定》出现之前，各国内部都有类似的流动，比如意大利南部民众向北部的米兰、威尼斯和都灵等发达地区流动，西班牙南部民众向北部的巴斯克地区和加泰罗尼亚地区流动，民主德国地区民众向联邦德国地区流动等。有了申根区，这种流动越来越明显，比如一些波

① 注：北马其顿 2020 年 11 月已加入黑海经合组织。

兰民众自发地向德国流动，一些法国西南部民众则向西班牙北部流动。要注意的是，这种跨国流动往往不是简单的"穷国向富国流动"，而是细分地区式的流动。比如从广义来说，法国经济强于西班牙，但法国西南部民众前往西班牙经济最强的北部（巴斯克地区和加泰罗尼亚地区）打工就很常见。又比如德国作为欧盟老大，肯定比捷克发达，但德国相对落后的东部地区，就有不少人选择去捷克首都布拉格这种机会更多的城市工作。比如我在布拉格住过一家酒店，侍应都来自德国东部。换言之，《申根协定》给了民众更多流动选择，不仅仅局限于本国的"北上广深地区"。这种分流不但使得个人的选择更多，也通过人员的广泛流动，带动了区域经济的普遍发展，进而扩大了可辐射地区。

《申根协定》也让地域经济特色变得更为突出，本文开头提到的匈牙利肖普朗，除了是一座千年古城和当年"泛欧野餐"事件发生地之外，还是欧洲著名的"牙科城"之一，街上随处可见牙医诊所。之所以形成集群效应，是因为它地处奥、匈两国边境，匈牙利牙科实力强大，奥地利看牙医价格贵，所以许多奥地利人会专程开车来肖普朗"跨国看牙"。这样一来，既方便了奥地利民众，又推动了匈牙利经济和牙科医学的发展。

类似的事情还有许多，比如购物。芬兰首都赫尔辛基的民众，会选择乘坐跨海渡轮前往波罗的海对岸的爱沙尼亚首都塔林购物，在享受当地低物价的同时，周末过去休闲更是家常便饭。

《申根协定》也极大推动了旅游业，申根区内民众的便利自不必说，全世界旅行者都因此受益。原本复杂的跨国旅行，因为申根签证变得简单。

可以说，申根区衍生的"无国界经济"无处不在。

坐在摩泽尔河的岸边，望向小小的申根广场，有纪念柱，还有两块柏林运来的柏林墙遗迹。将意味着隔绝的柏林墙放在申根广场上，显然意味深长。

申根广场的柏林墙遗迹（左上）、纪念柱（右上）
以及摩泽尔河上的申根纪念品商店（下）

## 11　布鲁塞尔是如何成为"欧洲首都"的

那天下午，在五十周年纪念公园里，我们像当地人一样，躺在草地上晒太阳。不远处是壮观的凯旋门——当然，不是巴黎那个。欧洲许多城市都有凯旋门，这个是比利时布鲁塞尔凯旋门。在大草地和凯旋门之间，是一池喷泉，水花在阳光下飞散，偶尔还会折射出一道道彩虹。喷泉旁坐着的人们享受着这蓝天白云下的清凉，时不时发出笑声。

五十周年纪念公园也叫银禧公园，是比利时首都布鲁塞尔的一座大型城市公园，占地 30 公顷。顾名思义，它是为纪念比利时独立50 周年而兴建的，周边还有皇家武装力量与军事史博物馆、五十周年纪念博物馆、汽车世界和布鲁塞尔大清真寺等建筑。

草地上有一群人围成圆圈，纵声歌唱，有人拿着吉他伴奏。当中有白人，也有黑人，这便是布鲁塞尔随处可见的景象，不同肤色的各种族群混杂，和谐共处。据载，布鲁塞尔的人口中，四分之一为外来族群，国籍多达 82 个，因此布鲁塞尔也得到"人类博物馆"的称号。

在布鲁塞尔，随处可见包容与和谐。从五十周年纪念公园经过凯旋门，大广场上便是汽车世界等各类博物馆。酷爱汽车的儿子当然想进去看看，只是此时已接近闭馆时间。好在工作人员十分友善，让我们进去，只是提醒尽量加快速度。

不知这是我们在布鲁塞尔参观的第几个博物馆了。在此之前，我们已经去过漫画博物馆、皇家美术馆、乐器博物馆和马格利特博物馆等。这座迷人的城市，不仅有完美的中世纪古城，也有众多博物馆，还是"欧洲首都"。

之所以说是"欧洲首都"，是因为欧盟总部位于布鲁塞尔，欧盟的四个主要机构中，除了欧洲议会在法国斯特拉斯堡之外，欧洲理事会、欧盟委员会和欧盟理事会都设于布鲁塞尔。另外，它不仅是北约总部，还是 200 多个国际行政中心及上千个官方团体的日常会议举办城市。

公元 979 年，以塞纳河流域为封邑的查理公爵，选择了塞纳河中的圣热里岛为定居点，在岛上筑起要塞和码头，城市初具规模。这个当时称"布鲁奥克塞拉"，有"沼泽上的住所"之意的城镇，就是后来的布鲁塞尔。

中世纪开始，布鲁塞尔一直是各方力量争夺之地，不同势力不仅在此角力，也带来了不同的文化与思维。同时，手工业的发展使布鲁塞尔与布鲁日、根特和安特卫普等城市一样，具备了良好的经济基础。也正因此，布鲁塞尔一向以包容开放富庶著称，而且因为习惯于在各方势力间寻找平衡，也因此具有了"柔软的独立性"。这甚至可以说是布鲁塞尔成为"欧洲首都"的最大原因。

布鲁塞尔凯旋门与喷泉

欧盟总部（上）与欧盟总部的柏林墙遗迹（下）

# 12　欧洲法院中的欧洲

站在荷兰海牙和平宫大门前，我抬头望向这座建筑。这是一座典型的荷兰式红砖墙建筑，高耸的塔楼外观精美。1907 年，这座大楼开始兴建，1913 年落成。主要出资方是当年的美国钢铁大王安德鲁·卡耐基，意在协力缔造和平。成立于 1945 年的海牙国际法院就设于此大楼之中，它不仅是联合国六大主要机构之一，也是最主要的司法机关，更是主权国家政府间的民事司法裁判机构。

很多人知道这座荷兰的城市海牙，就是缘于海牙国际法院。当这个小时候在新闻里听说过无数次的地方真的出现在我眼前时，海牙这座城市突然显得立体起来。

海牙是南荷兰省省会，也是荷兰第三大城市。尽管它并非荷兰首都，却是如假包换的政治中心。荷兰中央政府设于此处，荷兰女王也在海牙办公。此外，荷兰的各种政府机关和外国使馆都设于海牙。

其实这个政治中心的地位，从 13 世纪以来便已确立。1248 年，神圣罗马帝国皇储威廉二世建立了一座城堡，以便举行加冕典礼。结果在加冕前，他不幸在战役中阵亡，城堡也未完工，但这座城堡已完成的部分仍用于许多政治场合，比如赫赫有名的骑士厅。而以城堡为中心的地区，就是海牙的雏形。

不过，当时的海牙规模很小，而且并未马上被赋予城市自治权，甚至连城墙都没有。直到 1500 年，它才被批准修建城墙，但居民不愿修城墙，反而决定集资修建市政厅。这体现了海牙的悠久自治传统，不过这也让海牙蒙难——因为没有城墙，它迅速被西班牙军队侵占。

直到 1806 年，海牙才真正得到城市自治权。尽管历史不够悠久，但在此之后，它发展迅速。尤其伴随着荷兰的现代化进程，它的地位越来越高。如今我们所见到的海牙老建筑，多半落成于 19 世纪至 20 世纪初。当然，第二次世界大战后的重建也使得海牙迅速扩张。

有意思的是，欧洲城市以"小"著称，海牙却难得得到了扩张。20 世纪七八十年代，众多海牙的白人中产阶层出于生活质量考量，搬至周边城镇，带动了周边城镇的繁荣，但海牙市区变得冷清了许多。为了避免中心城市的空心化和贫困化，政府尝试将周边郊区纳入海牙。

荷兰国会大厦

在崇尚自治和自由的荷兰，此举引发了极大争议。不过在 20 世纪 90 年代，荷兰议会还是通过了海牙的扩张方案，迅速将周边大量中产住宅区纳入自身版图。

这座城市的历史，藏于城市内的一个个博物馆中。如国会大厦旁的海牙历史博物馆，见证着海牙 700 多年的历史。

至于国会大厦，不但是海牙地标，也是荷兰的政治中心和政府所在地，更是海牙最古老的建筑，是 13 世纪时伯爵的住所。没错，它其实就是当年那座未完成城堡的原址，中央的骑士厅，就是荷兰女王年度演说的固定场所。此外，荷兰国会开幕和国会内部会议等都会在此进行。国会大厦两侧则是见证荷兰一个个历史时刻的上议院和下议院。

这座城市并非只有政治，它也是荷兰的艺术之都。收藏了 800 多幅 15—18 世纪画作的莫瑞泰斯皇家美术馆是荷兰必去之地，因为维米尔的《戴珍珠耳环的少女》、伦勃朗的成名作《杜普教授的解剖课》都收藏于此。

马德罗丹小人国是世界上最著名的微缩景观之一。它微缩了荷兰所有著名建筑与古迹，从阿姆斯特丹运河到水坝广场，从阿克马尔芝士市场到乌得勒支的老教堂，从赞丹风车到三角洲工程，从鹿特丹港到阿贾克斯主场……整个荷兰就这样呈现在大家面前。

之所以叫马德罗丹，是因为出资建造这处景观的是马德罗丹夫妇。他们为了纪念在第二次世界大战中牺牲的儿子，为荷兰的孩子们建造了这个小人国。

在这里，可以集中感受到荷兰的不一样。这个条件并不优越的国度，却创造过一个个奇迹。它不仅开明自由、崇尚契约、兼容并包，还有与海争地的坚韧精神。

说到大海，它既是荷兰人的大敌，也是荷兰人的依靠。如果没有大海，又何来"海上马车夫"呢？

荷兰人离不开大海，以商立国的他们，将大海变成他们的奋斗工具。在荷兰，很少有一片海滩，会像海牙近郊的席凡尼根这样完全休闲。

中世纪以来，席凡尼根海岸就是著名的贵族社交地，至今仍是集度假、娱乐和购物于一体的休闲区。

中国人探访这里，多半是因为猎奇。当年李鸿章访欧时曾下榻这里的一家宏伟酒店，所以，这家名字本来长到恐怖的海牙斯海弗宁恩阿姆拉斯哈库尔豪斯大酒店，就被人称作李鸿章大饭店。

酒店宛若旧时宫殿，面朝大海，极具气势。试想当年的李鸿章是否曾漫步海边，感受古老中国与荷兰的巨大差距？

"和平圣火"纪念碑

离开海牙的那个清晨，恰好又经过和平宫。我们选择下车，在那尊小小的纪念碑前流连。这座名为"和平圣火"的纪念碑，其实是海牙最年轻的地标——2002年4月18日，它才被放置于和平宫大门旁。

纪念碑前是小小的世界和平之路，由来自196个国家的196块石块组成。其中有一块来自柏林墙，还有一块来自监禁曼德拉的罗本岛。

这是人类的和平梦想，也是海牙的梦想。

## 13　欧盟为何只可能诞生于马斯特里赫特

在马斯特里赫特，黄昏时分的弗莱特霍夫广场，斜阳打在路面上，融合多种风格的圣瑟法斯大教堂和古朴的圣约翰教堂静静并立于广场一隅。说是黄昏，其实已是晚上9时，因为欧洲夏季的夜总是来得很迟。与圣瑟法斯大教堂隔广场相望的那条街道，布满餐厅与咖啡厅，与其他欧洲城市一样，也是人流最为集中的地方。

坐在餐厅的露天座位上，一边等待上菜一边望向广场，圣瑟法斯大教堂的红色塔楼在灰色主体建筑的衬托下格外抢眼。它是荷兰最古老的教堂，始建于公元6世纪。圣瑟法斯则是荷兰第一位大主教，公元384年葬于此处。

时不时有人穿越广场，也有情侣坐在教堂前的台阶上私语。无论是因建筑周期长而兼容不同时代风格的教堂，还是广场四周的建筑，都迥异于一般的荷兰城市。

圣瑟法斯大教堂

马斯特里赫特位于荷兰东南部，是一座地理位置独特的小城，它所在的林堡省是荷兰版图上的一块狭长地带，分别被比利时和德国所包围。正因为远离阿姆斯特丹、海牙和代尔夫特等城市所在的三角洲地区，马斯特里赫特才成了一座非主流荷兰城市。仅从城市面貌和建筑风格来说，接近荷、比边境的它更像比利时或是法国的城市。

这样也好，沉迷于建筑之美的我，原本就喜欢比利时多于荷兰。马斯特里赫特在我眼中更是荷兰最有韵味的城市，难怪许多人称其为"荷兰最美城市"。

这座始建于公元4世纪，1204年被赋予城市自治权的古城，并不仅仅因历史与文化而为人所知。它最为人瞩目的是1992年，欧共体各国在这里签署了《欧洲联盟条约》，即《马斯特里赫特条约》，这一条约标志着欧盟的诞生。

就像《申根协定》的签署地位于卢森堡和法、德两国边境一样，马斯特里赫特也可算是三国交汇之地。而荷、比、卢三小国与法、德这两个大国，正是欧洲一体化的最坚定推动者。

第二天早上，我站在马斯河畔，看着船只来往。这条南北贯穿马斯特里赫特的河流，将城市分为东西两侧。作为游客，我的活动半径基本就在老城所在的西侧。

岸边的阶梯上，与我们为伍的居然是几百只鸽子。它们一排排肃立，占据着七八级台阶，同样望向河岸。如果从侧面望去，队伍还相当整齐。它们不怕人，与大多数欧洲城市的鸽子一样，早已与人类和谐共处。不远处的圣塞尔法斯大桥，据说是荷兰最古老的大桥。这座石拱桥之上，有人坐在桥栏上看风景，也不时有晨跑者经过。

我身后的老城依然安静。一段老城墙述说着旧日沧桑，它与河岸之间的大片绿地，就是马斯特里赫特的城市公园，早在 1706 年就已成为当地居民的休闲去处。

800 年历史的老城墙上方，早已盖满了房舍，它们多为白色外墙，山墙精致。老城墙的斑驳和暗淡，恰恰与这一排白色房舍的精致光鲜形成对比，成为老城中我最喜欢的角落。在历史长河中，这段城墙曾被反复争夺，英国人、意大利人、西班牙人和法国人走马灯式地入侵。

1815 年，马斯特里赫特正式成为荷兰王国的一部分。1830 年爆发的比利时独立战争中，马斯特里赫特驻军坚持效忠荷兰国王。也正因此，之后荷、比两国划定疆界时，距离比利时更近的马斯特里赫特反而被划归荷兰。

马斯特里赫特的城墙

沿着那排白色房舍下的古城墙前行，拐个弯就可以见到高大古朴的古城门，也就是马斯特里赫特的地标之一——地狱之门。之所以有此名字，是因为当年黑死病肆虐时，城门对面的一栋白色楼房就是收容病人的隔离室。由于当时的感染者多半无药可救，因此即使城门与隔离室仅仅几步之遥，却似生死两重天。古老的马斯特里赫特，拥有荷兰最古老的教堂和大桥，地狱之门也是最古老的碉堡式城门。那栋白色的隔离室，如今看来精致美丽，一点也看不出曾经承载过那么多苦痛。

作为一座非典型荷兰城市，马斯特里赫特没有运河。城里除了马斯河之外，还有一条护城河。护城河与旧城墙、周边的草地和森林融为一体，河中有许多野鸭，河岸遍布野花，使得老城中也多了几分野趣。这大片绿地是城市公园的一部分，处处都透着惬意。

"地狱之门"

城门内外，公园周边，是一条条石板老街，遍布老建筑。从上午到中午，每条街道都静悄悄的，偶有行人经过，或是大门打开，才带来几分人气。但寂静不等于冷清，家家户户都以鲜花装点窗台，充满情趣。

途经一间小超市，进去买了两瓶果汁。掏出欧元买单时，突然心有所感，这里不正是欧元的诞生之地吗？

1991年底，第46届欧共体首脑会议在马斯特里赫特举行，最终通过并草签了《欧洲经济与货币联盟条约》和《政治联盟条约》，统称《欧洲联盟条约》。1992年，欧共体12国外长和财政部部长签署该条约，随即欧盟诞生。条约规定，要在密切协调成员国经济政策和实现欧洲内部统一市场的基础上，形成共同的经济政策，具体内容是统一货币，制定统一的货币兑换率，建立一个制定和执行欧共体政策的欧洲中央银行体系。从此，便有了欧元。

即使欧盟出现了各种各样的问题，但欧洲一体化进程仍是人类百年来最伟大的尝试之一。第二次世界大战后痛定思痛的欧洲，试图以欧洲一体化消弭战争创伤，迎来复兴。不管结果如何，这一步步的尝试都是难能可贵的。

# Part2

# 城市的细节：
## 悠久历史造就保护城市的意识

　　中世纪时，荷兰、比利时和卢森堡三国本是神圣罗马帝国的领土。而神圣罗马帝国境内，各个城市各自为政，反而远远超过其国家的知名度。特别是在西北方，紧邻大海的这边，每个城市更是大不相同。但它们都拥有同一个特点：城市比国家更著名。悠久的历史又令人们对自己的城市爱护有加，而这，就是荷兰、比利时和卢森堡三国的最大特点之一。

# 1　把城市运河挖成世界文化遗产

在世界十大运河的排名中，并无荷兰的踪影，但要说运河之国，却非荷兰莫属。

无论是阿姆斯特丹、鹿特丹和乌得勒支这样的大城市，还是哈勒姆和霍伦等历史名城，或是埃丹和沃伦丹这样的小城镇，运河遍布全城。河道或宽或窄，一栋栋数百年历史的房屋静静立于两岸，仿佛时光静止。若是在运河乘船游，不管在荷兰哪座城市都不会失望。若是喜欢游船，甚至可以选择跨市路线，因为这古老的运河网络四通八达，延伸入海。

荷兰境内的水域占比高达 18.4%，位居全球前列，仅次于巴哈马等几个岛国。如果你对这个数字不敏感，可以对比一下其他国家：中国的水域占比是 2.8%，日本是 0.8%，河道广阔的印度也不过是 9.5%，法国是 0.3%，德国是 2.4%，西班牙是 1%，与荷兰国土面积相当的捷克是 2%。

水域占比太低肯定不是好事，人类历史上的文明多半是大河文明，即使是水域占比极低的古埃及，也全赖于尼罗河的养育。但水域占比太高也不是好事，它意味着有效土地的减少，也意味着交通的不便。

但在荷兰，这些问题都得到了解决。作为世界上人口密度最高的国家之一，荷兰不仅充分利用了自身的土地，还是世界上农业最发达的国家之一。在交通方面，荷兰也是最早步入现代化的国家之一，人均高速公路拥有量排名世界前列。

至于运河，当年曾是荷兰经济崛起、雄霸世界的关键。直到今天，它仍是荷兰经济贸易的重要渠道之一，更是荷兰最美的风景之一。最重要的是，它是荷兰文明的最重要细节。荷兰悠久的城市自治传统、开明的社会风气，都与运河息息相关。

在阿姆斯特丹，运河游船几乎是每个游客的必选项目。运河两岸景致如画，岸上的房屋极具风情，河边则停满了小船和五颜六色的"船屋"。同是在阿姆斯特丹，拥有"船屋"的难度甚至大于拥有一套普通房屋，船屋酒店更是抢手，必须提前预订。目前，阿姆斯特丹仍有 2500 多座"船屋"，有的甚至有一个多世纪的历史。其中有木质结构的，也有混凝土结构的，政府规定木屋每 3 年都要刷一次漆。"船屋"不但保留原有功能，也普及了水电等现代设施。

在 20 世纪 60 年代，"船屋"曾被用作阿姆斯特丹这个人口密集城市的住宅需求解决方案之一。因此催生出一些有几层楼，甚至还有花园的豪华"船屋"。

阿姆斯特丹
的运河与"船屋"

"船屋"的地址都是固定的，地址会被记录在政府颁发的特别许可证上，该许可证就相当于土地证。也正因此，"船屋"的价值和房子一样，越是黄金地段，许可证越值钱。而且，出于环保和安全考量，阿姆斯特丹政府已经停止发放"船屋"许可，使得现有的"船屋"变得更具价值。

这个城市有多少条运河？足足有165条！它们的长度合计有100千米，在整座城市里构成了一张网络。更有意思的是，阿姆斯特丹运河上的桥梁数量甚至远超威尼斯，别看在威尼斯步行，走几步就上桥，但威尼斯的桥梁数量不过是409座，而阿姆斯特丹则有1281座。2010年，阿姆斯特丹运河被联合国教科文组织列入世界文化遗产名录。

阿姆斯特丹的名字源于阿姆斯特尔河。12世纪时，该城还是个渔村。随着商业繁荣，城市渐渐崛起。17世纪，荷兰成为"海上马车夫"，掌握海上霸权，阿姆斯特丹也顺理成章地成为世界上最繁荣的城市之一。恰恰在那时，为了城市的运输和防御，阿姆斯特丹人开凿了3条最主要的运河，即绅士运河、王子运河和国王运河，它们组成环绕城市的3个同心圆，即如今的运河带。

更为可贵的是，作为17世纪世界上最发达城市之一，阿姆斯特丹在设计3条运河时，竟然还遵循了现代城市的设计理念，充分考虑了住宅开发等问题。相比另一个水城威尼斯，荷兰人的理性以及对美学与科学的兼顾显露无遗。

荷兰的发展离不开河流，马斯河、莱茵河和斯海尔德河汇聚于此，造就了三角洲地带，荷兰的大城市多集中于此富庶地区。

丰富的水系当然利于发展，但众所周知，荷兰是低地之国，受海洋潮汐影响极大，一旦海水倒灌，淡水系统就会被破坏，对于这个人口极其稠密的地区来说绝对是毁灭性打击。因此，荷兰人只能选择修建堤坝和围海墙，外加修运河，以此保卫家园。

最著名的当然是三角洲工程，即先用密集堤坝把马斯河、莱茵河和斯海尔德河层层截断，然后在三角洲上筑起拦截海水和艾瑟尔湖水的长堤。

当然，运河也发挥了重要作用。荷兰人通过运河系统和风车的抽水作用，反复升降河水水位，再使之汇入大海，避免了潮汐运动带来的威胁。

当时的运河，还承担着交通运输功能、防御功能、灌溉功能。当然这些功能现在已用处不大。前一种功能虽有部分延续，但如今的运河已远非主要运输渠道，后两种功能则完全丧失。而今，娱乐功能反倒成为阿姆斯特丹乃至荷兰其他城市运河的最重要功能。一方面，运河是旅行者的最爱，另一方面，当地人也酷爱在运河边休憩。

还有一个无心插柳的作用，那就是现代化城市的网络铺设。这些年来，运河的运输作用大大降低，但荷兰人乃至欧洲人却发现，运河其实是铺设电缆与电话线的好地方。传统电缆铺设都要挖开路面，埋好电缆再把路面填好。这种挖了再填埋，一来一去的做法，虽然能两次增加 GDP 数字，但毕竟欧洲人不太在乎 GDP 数字。而且欧洲老城的石板路历史悠久，可不能随意破坏。更何况，这种办法不但铺设麻烦，维修也很麻烦。但用运河水道铺设电缆和电话线可就轻松了，既方便快捷，维修也轻松，还不用破坏基础设施。

乌得勒支码头地窖

　　阿姆斯特丹运河并非荷兰运河的"模板"，因为荷兰人在运河这件事上花的心思远比我们想象的更多。比如乌得勒支的古运河，就与阿姆斯特丹迥异。

　　早在近900年前，也就是1122年的时候，乌得勒支就获得城市自治权，同时乌得勒支人开始兴建大坝。当时的乌得勒支人很重视做生意，为了促进贸易，商人们计划挖掘运河，开辟全新航线。至今，这条运河仍在使用，它已成为乌得勒支老运河的其中一段。

　　乌得勒支人的另一个创举是在码头和河边房屋间挖掘隧道，形成众多码头地窖。

　　这是出于运输便利的考虑。最初，乌得勒支商人在搬运货物时，要先将货物从运河的船上吊到岸上，再搬进运河边房屋的地窖内存放，十分费时费力。所以，他们设计并修建了从码头直通地窖的水平隧道，从而大大提高了效率。换言之，今日在乌得勒支老城漫步，你既可以在河岸上走，也可以在河岸下的隧道路上走。目前，码头地窖多半被利用为餐厅、咖啡厅和艺术工作室。

## 2  为何低地三国能无限诞生艺术和科学名人

哈勒姆这座宛若几世纪前模样的城市，可不是只有郁金香。

早在 16 世纪，哈勒姆就以开放和包容著称。当时为了城市发展，哈勒姆市议会已经允许多种教派共存，并尊重信仰自由。1585年，因为安特卫普被西班牙军队攻占，许多当地艺术家和手工艺人流亡到哈勒姆。幸运的是，市议会的订单及时解决了他们的生计问题，也使得哈勒姆成为欧洲艺术重镇。而 1580 年到 1630 年，也恰恰成了哈勒姆绘画学派的顶峰。

在被不同时代建筑围绕的市集广场上，市政厅是最特别的存在。它建于 14 世纪，是荷兰最古老的市政厅。当年，人们就是在这里来来往往，创造哈勒姆的辉煌。旁边的圣巴弗大教堂是哈勒姆的制高点。广场上有一尊雕像，是在哈勒姆土生土长的劳伦斯·科斯特，曾在市政厅和圣巴弗教堂供职的他，发明过一款印刷机。

科斯特可不是哈勒姆唯一的发明家。1778 年落成的泰勒斯博物馆中记录着哈勒姆的辉煌历史，这座博物馆得名于哈勒姆一位热衷自然和科学的银行家泰勒斯，是一座集科学、自然和艺术于一体的博物馆。

难能可贵的是，在经济实现飞跃后，荷兰商人仍在欧洲思想启蒙大潮下，寻求知识的普及和传播。因此，他们建立了各种学术研究促进会，泰勒斯博物馆就是这一时期的产物，馆内可以见到许多荷兰乃至欧洲科学家的发明。

不过对于哈勒姆人来说，他们更引以为豪的是弗兰斯·哈尔斯。距离圣巴弗大教堂仅仅几百米的弗兰斯·哈尔斯博物馆，也被视为哈勒姆最值得探访之地。

虽然名为弗兰斯·哈尔斯博物馆，但哈尔斯并未独享此地，馆中也藏有哈勒姆众多其他画家的作品。

哈尔斯是流亡到哈勒姆的安特卫普人。这位以肖像画著称的绘画大师，以捕捉稍纵即逝的表情见长，作品充满那个时代难得一见的自然和欢乐。

最初，哈尔斯为哈勒姆市政厅修复藏画，但后来因为宗教问题，市政厅将大量藏画售出，哈尔斯也失去了市政厅的雇用。结果，他开始尝试创作肖像画，竟然因此而成名。

虽然哈尔斯红极一时，还有不少学徒跟随，但晚景凄凉，甚至要卖掉被褥枕头清偿欠面包师的债务。幸得哈勒姆市政厅在他去世前两年开始发放年金，他才得以熬过生命最后的时光。他辞世时已是 85 岁高龄，在当时是绝对的长寿者，但这晚景凄凉的长寿，是不是反倒更惨？

哈尔斯去世后，很快被人们所遗忘。此后两个世纪，他的作品被廉价出售，甚至一幅只需几先令。直至 19 世纪中期，哈尔斯的作品才经评论家们的努力而重返收藏界。

说到画，哈勒姆也曾"因画入镜"。当年韩国经典电影《雏菊》就是在哈勒姆取景，全智贤支着画板为游人画像的那座广场，便是哈勒姆的市集广场。背景里的古朴，宛若旧日时光。

## 3　值得我们学习的教堂改造经验

自从到荷兰以后，我就发现，在荷兰许多废弃的教堂不是成了书店，就是成了学校，有的甚至还成了纪念品商店。可问题也出来了，为什么在宗教盛行且经济发达的荷兰，会有那么多废弃教堂？

这就要说到荷兰社会的世俗化进程问题。我们知道，自启蒙运动开始，欧洲便开始了世俗化进程，在法国大革命等历史时刻达到高潮，且至今仍未终结。欧洲各国的世俗化进程有所差异，但总体来说都与经济有关。经济停滞的南欧三国（意大利、西班牙和葡萄牙），教会的影响力仍然极大，新兴国家如波兰，同样宗教基础坚实。但在欧洲北部的发达国家，宗教的影响力已远不如前。

荷兰就是典型例子，基督教徒数量渐渐萎缩，甚至影响了政治生态，曾经的第一大政党——基督教民主党，就是在世俗化过程中不断失去支持者，几年前沦为在野党的。

更重要的是，教会在荷兰不属于公共法权机构，在税收和教育方面没有任何优惠政策。荷兰没有教会税，教会的运作经费全部来自信众的自愿捐献。信众人数大幅减少，必然使许多地区的教会入不敷出，无法维持教堂的正常修缮与管理工作。因此，每年都有大量教堂被迫关闭、拆毁、出租或出售。

相比之下，世俗化程度同样极高的德国，情况就大为不同了。德国教会是公共法权机构，依法享有许多特权。作为对19世纪国家没收教会财产的补偿，德国专门征收了教会税，用以维系教会正常活动。

有意思的是，德国的教会税导致两种情况：一类人为了免交教会税而宣布退出教会，另一类人则是"名义教徒"，他们并不信仰基督教，留在教会就是为了缴纳教会税，而且理由五花八门，比如为了保护历史建筑。

法国的情况完全不同，法国大革命虽然引发了世俗化的一次高潮，但法国目前仍有70%以上人口信仰天主教。人口基数众多，使得捐纳者也多，因此即使没有教会税，教堂仍可维持使用。

荷兰有许多废弃教堂，而古建筑又不容破坏，于是催生了不少相关的中介公司，专门负责教堂和修道院的买卖。众多大大小小的废弃教堂，被改为博物馆、餐厅、咖啡厅、仓库、超市、溜冰场、健身房、幼儿园乃至住宅。

古建筑改造中，最让人诟病的改造方式就是对原貌的大肆破坏，但荷兰废弃教堂的改造显然注意了这一点。就像后面会提到的天堂书店一样，教堂内部没有遭遇任何破坏，甚至所有设施都未真正接触墙身。

这些看似废弃的教堂，完美地诠释了欧洲精神。无论是传统与现代融合的设计之美，还是宁静的氛围，都没有违背教堂的初衷——为了离上帝更近。这才是最完美的古建筑改造。

一座内部被改造为商店的教堂

# 4　在泥浆里盖摩天大楼

　　摩天大楼概念自西方兴起，渐渐成为现代化城市的标配。如今的中国城市，也以天际线为荣，摩天大楼数量更是冠绝全球。

　　但在欧洲，摩天大楼数量并不多，大多数城市甚至不允许在老城建设高楼，以免破坏城市的整体风貌。不过，在现代建筑林立的荷兰鹿特丹，倒是没有迁就老城的压力，于是鹿特丹有着欧洲城市首屈一指的摩天大楼密度。

　　对于中国人来说，鹿特丹的摩天大楼高度没什么特别，随便一座二线城市似乎都可"秒杀"它。但问题是，你知道在荷兰建摩天大楼，难度有多大吗？

　　荷兰作为低地之国，大部分土地处于莱茵河、马斯河、斯海尔德河和埃姆斯河之间的三角洲，土质特别松软。所以荷兰人早年盖房子，全靠密集打桩来固定地基，连阿姆斯特丹王宫都不例外。如今技术进步，荷兰人开始采用钢筋混凝土柱子来进行调节。所以在摩天大楼的地下车库里，我们能看到许多可调节的柱子。

　　早在1898年，荷兰人就在鹿特丹建造了第一座只有11层、高度为45米的摩天大楼，该楼名为白宫。它的层数和高度，如今看来都很小儿科。但它在当时是荷兰第一高的摩天大楼，也标志着鹿特丹的商贸中心地位。

　　如今，荷兰最高的商业楼宇和住宅楼都在鹿特丹，高度均接近160米。

鹿特丹大厦

　　在鹿特丹的摩天大楼中，2009 年落成、收获众多建筑大奖的红苹果大楼最为知名。它分为两部分，其中一座是 124 米高的细长高楼，一座是 53 米高的苹果造型副楼，同样集住宅、办公、商铺和餐饮于一体。

　　KPN 皇家电信总部大楼也非常知名，出自意大利建筑大师伦佐·皮亚诺的设计。这位注重建筑艺术与技术相结合的大师，最重要的作品便是巴黎的蓬皮杜艺术中心。

　　2013 年落成的鹿特丹大厦是鹿特丹摩天大楼中的新贵，它使用了鹿特丹的城市名，野心不可谓不大。当然它确实也获得了大量建筑奖。几个细长矩形体叠加、彼此横向错位的它，采用了"垂直城市"的理念。鹿特丹大厦的建筑设计师雷姆·库哈斯当然是业界大师级人物，他也是中国中央电视台总部大楼的设计者。鹿特丹大厦作为荷兰体积最大的混合功能建筑，同样涵盖了办公、住宅、零售和休闲等功能。

## 5　方块屋——从公共住宅到博物馆住宅两用

说起鹿特丹最著名的建筑，除摩天大楼外当数立体方块屋。即使你不知道它来自鹿特丹，但见过其照片的概率极高。

这座建筑由建筑师皮特·布洛姆于 1984 年设计并主持建造，由 58 座立体方块的房子以反重力姿态组成。这些灰色屋顶、黄色墙壁的方形小屋呈 45 度角倾斜着连接。布洛姆的设计理念是城市中的乌托邦——每幢房子都代表一棵树，房子连在一起代表树林。每间房屋设计有不同朝向的窗户，可以接受不同方向的采光。至于方形小屋下面的空隙，则见缝插针地成为餐厅、商店所在之处，形成了一个完整社区。

当年，鹿特丹市政府开发了这片公共住宅，将其中 38 套作为私人住宅发售，其他作为商用。前些年，荷兰最著名的连锁青年旅社 Stay Okay 入驻方块屋，旅行者可以亲身体验，不过因为房源过于紧张，通常需要提前几个月预订。

这里曾因游客太多而不堪其扰，后来，就有了专门的方块屋博物馆。其实所谓博物馆，就是将其中一套开放，让游客可以走进去探访其内部空间而已。

如果你能进入其中，便会发现这个小小的方块里，居然有三层构造。最底部那根支撑整个立方体的柱子，其实是杂物间。一楼是起居室和厨房，二楼有卧室、书房和卫生间，三楼则是阁楼，采光最佳，可以做休息区。另外，室内每面墙壁都是倾斜的，尤其是三楼，三面天窗形成尖角，构成不同视野。

方块屋最大的意义并不在于奇特的造型构思，而在于它所营造的社区理念。即使是 30 多年后的今天，这种理念仍不过时。

方块屋所在的 Blaak 广场区域，其实也是鹿特丹创意建筑最集中之地。就在方块屋附近，便有一栋六角形的房子，好似一支大铅笔，十分别致。

"铅笔屋"旁边则是鹿特丹图书馆，外露的彩色管道，很容易让人想起巴黎的蓬皮杜艺术中心。

同样在这附近的，还有近年来新建的鹿特丹奇妙建筑之翘楚——Markthal 大型拱廊市场。

鹿特丹的方块屋（左）与方块屋内部构造（右）

## 6　交通与城市建设相呼应

如果你搭乘火车来到鹿特丹，那么第一站一定会是火车站。其实很多欧洲火车站都已成景点，比如比利时安特卫普火车站、葡萄牙波尔图火车站等。不过这些火车站都以古朴、精致、华美著称，有些更成为老城的一部分，鹿特丹火车站则是完全现代化的创意建筑。

这个荷兰最重要的交通枢纽之一，正面造型采用钝角立体结构，有点像鲨鱼嘴，十分张扬霸气。但霸气外形之下，仍以人为本。如车站内部充分采用自然光，既环保又温暖。

鹿特丹火车站

　　1996 年落成的伊拉斯谟斯大桥也很有个性，因为其桥身雪白修长，造型如天鹅颈项，所以又被人称为"天鹅桥"。建成之初，它不仅是世界上最长的斜拉索桥，也是荷兰最高的桥。

　　就连动物园，鹿特丹人都没忘记在建筑上玩花样。鹿特丹动物园的长颈鹿围栏是荷兰第一座为动物设计的可持续建筑，小屋使用可回收或可再生的无毒材料，几乎不用维护。它每年还可以收集大量雨水，用于灌溉小屋周边的植物，冬天则以木屑燃烧的方式导热给金属墙身，以便长颈鹿取暖。

# 7  "萨克斯之城"迪南——有钱人的生活你想不到

前往比利时迪南的路上，我一直在反复念叨一件事：等一下在市区停好车后，一定要坐缆车上山顶。因为在山顶能够拍到这座城市最美的风景。

可能导航被我的意念所控制，在入城的一个岔路口，它执意让我走上一个上坡的岔道而非主路。然后七弯八绕，我发现自己居然直接开车上了山顶，而不是按原计划前往市区。

于是，这座诞生了萨克斯管的比利时小城，就这样第一时间以最美姿态呈现在我面前：小小的古城沿河而建，四周被青山绿水所环绕。

迪南城堡坐落于山顶，入口处有一栋房舍，如今被改造为一间小酒店。若我没有在迪南夜宿的计划，选择这里倒也不错，毕竟看夜景十分方便。

萨克斯城的街景

这座城堡始建于 11 世纪，最早是一座军事堡垒。

中世纪时，迪南属于列日大主教辖区。当时的列日大主教，辖区涵盖了如今的比利时列日省、荷兰马斯特里赫特和德国亚琛等地区，迪南是当时辖区内第二大城市。

在城堡外围的石阶上，迎着山谷吹来的大风举目眺望，可以看到老城建筑紧凑，河对岸山坡上散落着一些大型建筑，它们或是修道院，或是旧时贵族宅邸。这条河名叫默兹河（也称为马斯河），是当年的水路要道，而迪南正是默兹河谷的门户。

迪南还是黄铜产地，因而成为当时的铜器加工中心，手工业极其繁荣。各种铜器经由河道，源源不断地运往其他城市。

1703 年，迪南被法军攻陷，城堡被毁。如今我们看到的迪南城堡，其实是荷兰王国时期的荷兰人所建，大致完成于 1821 年。

有意思的是，这座军事要塞如今属于私人财产，为一个比利时贵族家庭所拥有，正应了那句"有钱人的生活你想象不到"。城堡保留着旧时的军械库、监狱，中庭天井有大炮和断头台，虽无甚特别，但也值得"探险"一番。另外，曾在第一次世界大战中饱受摧残的迪南，还在这里设置了第一次世界大战纪念馆，以让历史重现。

不过，只有乘坐缆车或者步行 400 多级石阶下到老城，再抬头望向城堡，才能明白迪南的昔日荣光。城堡几乎与百米高的峭壁融为一体，当年虎踞一方，扼守着默兹河。

如今，城堡已无作用，迪南这座宁静小城，更多是因萨克斯管而被人谈起。

坐缆车下山，马路对面就是萨克斯桥。

其实萨克斯桥这个名字，是典型的游客叫法，只因桥两侧有着 12

座图案各异、花花绿绿的萨克斯雕塑，彰显着迪南"萨克斯发源地"的身份。这些雕塑其实分别代表着12个国家，旁边竖立着该国国旗。中国也在其中，对应的萨克斯雕塑颜色自然是中国红。

如果从老城这边走到桥的另一头，就会发现一座小小的军人雕像。起初我以为是当地出身的知名军人，走近看介绍才知道是一位大人物——法国的戴高乐，而此桥也正是以他命名——戴高乐桥。

这里的故事依然与第一次世界大战有关。当时，迪南几乎被德军夷平，年轻的戴高乐作为法军一分子，曾在此与德军激战，并在桥上负伤。

不过，这小小的铜像还不如一个萨克斯雕塑大，黄铜色泽稍显灰暗，远远比不上萨克斯雕塑的花花绿绿那般抢眼。而且，它"躲"在桥的另一头，大多数人则只在对面的老城晃悠。所以，萨克斯桥的名头可比戴高乐桥响亮多了。

不过，站在戴高乐雕像旁边回望老城，风光尽收眼底，这倒是除了居高临下的城堡之外第二个极佳的拍照之地。

站在山顶俯瞰
萨克斯老城

在河对岸，峭壁上的城堡与峭壁前的圣母大教堂是迪南的两大地标建筑。毫无疑问，教堂也是老城的天际线，与周围那些古朴雅致的老房子一起，描绘出一幅带有浓浓中世纪意味的画卷。

这座教堂的修建时间大约是在 11 世纪左右，最初是罗马式风格，如今是哥特式风格。它不但是城市的天际线，还是主街的起点。

迪南的城市格局非常简单，一条主街贯穿整座城市。这条热闹的街道，便是萨克斯大街。

在迪南，萨克斯的元素无处不在。在萨克斯大街上，地上刻有萨克斯演奏家的名字，每隔几十米更有不同种类萨克斯的模型和介绍标识。这个让许多爵士迷热爱的乐器是小城的象征。

1814 年，阿道夫·萨克斯出生于迪南一个知名乐器制造商家庭。1846 年，32 岁的他发明了一种将低音单簧管的吹嘴和奥菲克莱德号的管身结合在一起后改进而成的乐器，随后他以自己的名字命名并申请专利，萨克斯就此诞生，它被视作当时世界上造型最独特、音色最美妙的乐器。

阿道夫·萨克斯出生时的房子也在这条街道上。门口有一张长椅，一尊怀抱萨克斯的阿道夫·萨克斯雕像坐在上面，人们可以与之坐在一起合照。如今房子已被改造为小小的博物馆，方寸之地里，有一些图片、文字和影像资料，记录着萨克斯的发明过程。

墙上有一句话，"很难想象一个没有爵士乐的世界，更难想象的是没有萨克斯的爵士乐"。我想，很多人会认同这句话。

离开迪南之前，我一心想试试当地特产的一种硬饼干。这种饼干由小麦粉和蜂蜜制成，大多数时候不是用来吃，而是用作装饰的。它诞生于 15 世纪，当时因战争围城，市民以这种饼干充饥。

在一间雅致的饼屋里，我见到了这种饼干，它们形状各异，有卡通形象、花朵、马车和鱼等。虽然好看，但店主建议我们不要吃，因为大概率会咬不动。我倒是惊喜地遇见了小时候最爱吃的哈斗，忙不迭地叫上几样，来了一场"吃软不吃硬"。

这座在历史上因黄铜和军事要塞而闻名的硬朗城市，似乎因萨克斯的诞生而变得柔软起来。直至今天，世界仍在倾听它的声音——每年，它都会举办最权威的萨克斯国际性大赛。

# 8  统一混乱，欧洲一体化从这两座小城开始

"咦，爸爸你看，这个餐厅的左边是比利时，右边是荷兰！"
伴随着这样的叫声，我们一家人在满地白线间跳来跳去，乐此不
疲。所幸的是，路人们都没把我们当疯子，而是以一脸司空见惯的
表情向我们微笑致意。也许，他们一年会遇上不少像我们这样的猎
奇游客吧。

荷兰的巴勒纳绍，总面积仅仅 76 平方千米的小城镇，人口不过
6700 人，却是世界上最神奇的城镇之一。

严格来说，巴勒纳绍仅是小城的荷兰部分，还有一部分属于比
利时，名叫巴勒海托赫。前者面积是后者的 10 倍。

最神奇的是，在这个小城中，国界线可不是只有一条，而是无
处不在。荷兰与比利时的领土完全是"你中有我，我中有你"的形
态，巴勒海托赫有 20 多块飞地被巴勒纳绍所包围，同时巴勒纳绍又
有 7 块飞地被巴勒海托赫所包围。

所以，走在巴勒纳绍的街道上，随处可见脚下的白色国界线，
左右都有字母标记，B 代表比利时，NL 代表荷兰。甚至于连一些房
子也被两国"瓜分"，一边属于荷兰，一边属于比利时。

这个神奇小镇背后有着复杂的历史，而欧洲一体化使一场旷日
持久的领土之争变得无比有趣。

资料记载，巴勒纳绍最初属于布拉班特公国。这个出现于 13
世纪的公国囊括了如今荷兰北布拉班特省、比利时安特卫普、弗拉

芒－布拉班特省、瓦隆－布拉班特省和布鲁塞尔等地区。直到1430年，布拉班特公国绝嗣，被勃艮第公国吞并，再后来巴勒纳绍被哈布斯堡王朝掌控。在这几百年间，飞地问题随着主权的变更变得越来越严重。

其实之所以产生飞地，原因非常多。中世纪的长期土地争议，各种条约，还有当时布拉班特公爵与布雷达一带地主之间的土地转售，都是重要原因。比如有一段时间，布拉班特公国占有了全部农业用地，其他用地则被售予布雷达地区的地主们。

从17世纪开始，巴勒纳绍一带的归属问题就成了一团乱麻，史料的记载是这样的。

1648年，《明斯特和约》签订，西班牙与荷兰之间的战争结束。但这一地区的归属仍然复杂：一部分归属北荷兰，即巴勒纳绍；一部分归属南荷兰（今比利时），即巴勒海托赫。

1785年，这里曾有望统一，即将巴勒海托赫划归荷兰，但因当地民众抗议而告吹。

趣味国境线

1830 年，荷兰改革行政区划，巴勒纳绍本想统一境内飞地，结果又遇上比利时爆发起义，计划只能搁置。次年比利时独立，统一的计划又成了泡影。

不过比利时宣布独立时，它与荷兰的国界划分混乱无比，也因此纷争不断。为解决此问题，1843 年，荷兰与比利时签订《马斯特里赫特条约》，解决领土纷争。因为荷兰不愿割让领土置换飞地，巴勒纳绍的事情仍未解决。

直到 1996 年，荷兰和比利时推行自治市结合行动时，才又希望巴勒纳绍和巴勒海托赫能借此机会合并，但公投结果再次否定了两国政府的愿望。结果，巴勒纳绍和巴勒海托赫就成了各自国家里最小的自治市。

结果，每个到访巴勒纳绍的游客，都免不了变成低头族，一路追随那无处不在的边境线。当然，参考门牌号码也可以，荷兰建筑和比利时建筑的门牌号码字体有别，铭牌上还会附上该国国旗。许多住宅还会在自家窗台或房顶悬挂国旗，宣布自家的归属。

可别以为这一切是为了旅游业，因为不标记清楚，当地人自己估计也会糊里糊涂。

如果摒弃游客的看热闹心理，暂时忘掉在国境线上跳来跳去的有趣游戏，设身处地将自己代入这座小城，你就会发现：如果一切都以我们熟知的常理（比如国别界限）来严肃对待的话，在这里生活绝对是一件非常艰难的事情。

假设你是一个生活在这座小城里的荷兰男孩，爱上了旁边街道的一个比利时女孩，想寄给她一封情书。而比利时与荷兰两国互不相让，坚持在这座小城里走国际惯例的邮政程序。那么，你就得先把信投递到本地的荷兰邮局，荷兰邮局又会将信送到荷兰的国际邮件分配处，再以国际信件的方式送往比利时国际邮件分配处，再寄到那个女孩家里。邮费其实是小事，但路上耽搁了几天，可能已经有另一个男孩捷足先登了。你的爱情，很可能被一条马路之隔的国境线所毁掉。

当然，荷兰人和比利时人最终解决了这个问题，这两个自治市实现了邮政互通。有意思的是，如果巴勒海托赫人想寄信到自己的首都布鲁塞尔，还得经过荷兰。

假设你是一个荷兰巧手主妇，今晚烹制了大餐，正想叫家人准备吃饭，转头一看，自家娃又跑到邻街的比利时同学家去玩了。你拿起电话，想把他叫回家，可是一拨号，就发现自己打了个国际长途。好在荷兰、比利时都是高福利的发达国家，不在乎这点电话费，不然很可能一到晚上，满街都是妈妈扯着嗓子叫："XXX，回家吃饭了！"

荷兰人和比利时人解决了这个问题，他们的通信网络也是互通的。

假设比利时与荷兰各自使用本国货币，那你在这座小城里吃顿饭、喝杯咖啡或者去酒吧喝杯酒，也许都会有麻烦。比如你在酒吧里喝了杯啤酒，要买单时，你是把侍应叫过来呢，还是自己走去吧台把钱丢下就走呢？叫侍应过来，侍应可能就从荷兰到了比利时；你自己走过去，可能就从比利时走去了荷兰。且不说出入境问题了，关键是，不管是侍应过来还是你走过去，这杯酒是用比利时的货币买单，还是用荷兰的货币买单？

这个问题当然很容易解决，因为荷兰和比利时都是欧洲一体化的急先锋，《申根协定》、欧共体乃至欧盟的创始国，还是首批加入欧元区的国家。没错，问题就这么迎刃而解了。

　　按照许多传统中国人看重"衙门"，"官府在哪里，主权就在哪里"的思维，巴勒纳绍的市政厅绝对是个大麻烦。你要知道，老外的土地都是私有产权，在这个巴掌大的地方，你想找块空地搞个拆迁盖一座政府大楼可不容易，只能盖一座小小的市政厅。尤其是地方狭小的巴勒海托赫，比利时人怎么选址也无法回避将市政厅建到国界线上去。所以，比利时人要想有个衙门，必须找荷兰人协商。可是这个被国界线一分为二的市政厅建好了，又会遇到使用上的问题。比如那个被国界线一分为二的会议室，坐在右边这排的人还在比利时本国，坐在左边的就已身在荷兰，变成了跨国会议。万一荷兰人来抢会议室怎么办？当然，这个问题也得到了解决。荷兰人最终允许比利时人在自己境内修建并使用市政厅。

　　开个车也是麻烦，在小城里开上一圈，没走几千米，出入境次

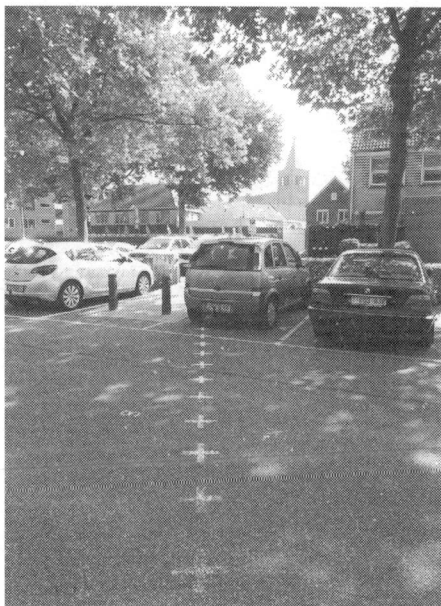

跨国停车位

数就已经数不清。停车又怎么办？你一眼看到一个空车位，但你是比利时的车，车位是荷兰地头，你停不停？就算你停，可比利时今天停车免费，荷兰还得收费，在停车费和车位之间，你选哪个？

最麻烦的是基础建设。因为"你中有我，我中有你"的飞地太多，修路修地下管道都无法回避国界线问题。比如铺路，荷兰人铺了十几米就铺到了比利时人的地头，你要不要继续铺下去？想绕道，这座小城也没地方让你绕道。地下管道更是错综复杂，荷兰人的地头下面，很可能埋着一堆比利时人的管道，你让不让他铺？再就是路灯之类的公共资源，一条街被荷兰和比利时截成了七八段，荷兰人是不是只在自己的几段建路灯？再说，比利时人站在自己的国界线上，也能享受荷兰路灯的灯光，荷兰人要不要较真儿？

所有的问题都无法用争吵乃至动武之类的方式解决，唯有坐下来协商。而协商，恰恰是荷兰人和比利时人的特长。没错，以商立国的荷兰人，还有与荷兰一直"难舍难分"的比利时人，几百年前就是谈判的好手。

协商有多重要？巴勒纳绍近几十年的发展告诉了你。为了取经，甚至连以色列总理内塔尼亚胡都曾专程拜访此地，来学习不同族群如何在协商中共存。

建筑跨国界线？那好，从外墙到内部，都画上国界线。所以，据说连巴勒纳绍旅馆的房间里都能见到国界线，睡觉时在荷兰，早上起来后去比利时洗脸、刷牙、上厕所。那么，如何判断建筑的归属？也好办，一栋楼弄两个门牌号、两个地址就行。

基础建设难办？那就坐下来好好分工。资料显示，巴勒纳绍城中心的电力由比利时供应，市郊则由荷兰负责，有线电视同样如此。荷兰人口更多，地域更广，包了全城的燃气和水。通信、治安由两国共同负责，垃圾车各出一辆……

当地民众都拥有荷兰和比利时两国的护照。何况根据《申根协定》，他们在这片土地上漫步、驾车乃至工作，都已无国界限制。融合也带来了更多自由，比如商店营业时间会遵循规定更宽松的一方，因此这里往往能在其他地区商店多半不开门的周日吸引周边城市民众前来购物。

哪怕是昔日钻空子的行为，在如今的巴勒纳绍也以一种有趣的方式呈现。

早年的巴勒纳绍，罕有居民不钻空子。最"臭名昭著"的当数一家被国界线一分为二的银行，只要有一国的税务人员来查账，银行人员就会将账本移到另一国。也有一些商店为了避税，选择站在税收较低的一边卖东西。

民宅同样如此，在巴勒纳绍街上行走，你会发现许多民宅不止一个门。你会说这有什么奇怪，别墅必然有前门也有后门。可巴勒纳绍的民宅，除了前后门，还有侧门，甚至还有双前门的奇怪配置。说到底都是历史遗留问题。因为一直以来，比利时的规划法比荷兰宽松得多，荷兰人想改建房子，往往无法得到荷兰市政厅的许可。按照当地规定，住宅正门开在哪里，户主就去哪国办理房屋事宜，所以，许多人会在比利时一侧再开一个正门，然后去比利时办理改建审批。

在当时，这些钻空子的行为当然会给两国的市政厅带来困扰。但现在回头看，只会感觉有趣。时至今日，由于比利时和荷兰政府的一次次协商，两个自治市已可以完美共存，昔日各种障碍早已不存，钻空子反而成了一种无伤大雅的乐子。

当我们在一家咖啡馆坐下来休息时，侍者为我们端上饮品，见我们饶有兴致地打量地上的国界线，就开始了他的表演：只见他先看看手表，然后摆出一脸惊吓状，立刻将旁边的空桌子和空椅子从荷兰这边推到了比利时那边，然后再看看手表，摆出一脸轻松状。

他想告诉我们的是：荷兰和比利时规定的餐饮业营业时间不同，前者更早，所以时间一到，餐馆就会将桌椅推到比利时一侧继续营业。

其实对于餐饮业来说，移动桌椅可不仅仅是为了延长营业时间，还为了税率——荷兰和比利时的商业税率有所不同，所以餐馆常常移动桌椅，选择对自己更有利的税率。

在漫长的人类历史中，领土争端往往意味着你死我活，无数战争因此而起。第二次世界大战后，曾是世界中心的西欧痛定思痛，开始寻求另一种生存模式。

这个模式说起来很简单，就是不管有什么事，坐下来好好谈。正是这个过程推动了欧洲一体化，欧盟、欧元和申根区都成为现实。尽管有所反复，但欧洲一体化终究是人类的伟大尝试。

离开巴勒纳绍时，我们经过了圣母永助教堂。这座建于1877年的新哥特式教堂，是小城的制高点。与其他城市的教堂一样，它的院落里还有一片墓地，是当地人的安息之所。这些墓碑之下，有荷兰人，也有比利时人。在这座宁静小城里，他们已不分彼此。

## 9　因于连而著名的广场

比利时的布鲁塞尔老城里，人最多的地方当数大广场。这个长方形的广场，以塔楼高达 96 米的市政厅为核心，四周遍布哥特式建筑。以广场为中心，一条条道路向四周发散出去，遍布咖啡厅、餐厅和商店，十分热闹，而其中就有欧洲最古老的商业街圣于贝尔长廊。

雨果曾说这是"世界上最美丽的广场"。围绕广场的那些哥特式建筑，当年多属于各个行会组织。至今，仍可在建筑大门的雕塑上分辨它们旧时所属的行会。

这里曾拥有布鲁塞尔第一个贸易集市，而且早期围绕广场的都是木制建筑。13 世纪，出现了一批室内市场。15 世纪，在勃艮第公爵治下，不仅广场地面得以铺砌，还兴建了新的行会大楼和市政厅。1695 年，广场在战争中几乎被毁，但经过 5 年重建，广场不但修复，还更具魅力，集合了不同时代的建筑精华。在这个地砖都有岁月痕迹的广场上，你可以见到比利时随性的一面——不少人会在广场中央席地而坐，休息或者吃东西。

经广场四散的人流，不少是去寻找"撒尿小孩"于连的，也有不少是刚刚从于连那里回来的。网上曾有人评出好几个"坑人景点"，"撒尿小孩"与哥本哈根美人鱼都名列其中。之所以说坑人，是因为它们其实都很小。不过我倒是觉得，这是部分中国人"以大为美"的观念所致，在他们的意识里，凡是地标都应该很大，但无论是布鲁塞尔的"撒尿小孩"，还是哥本哈根美人鱼，都从未标榜过"大"，所以谈不上坑人。

"撒尿小孩"于连的确很小，但仍是"布鲁塞尔第一公民"。这个仅有半米高、光着身子撒尿的小男孩，已有400多年的历史。1619年，比利时雕刻家捷罗姆·杜克思诺亲手打造了它。

在小于连铜像出现之前，这里就有一座"小爱神尿尿"的石雕喷泉。1452年，"撒尿小孩"的故事开始流传，此后500多年间，布鲁塞尔历经沧桑，可"撒尿小孩"的故事始终流传。1619年后，铜像也几经磨难，1747年曾被法军拆掉封存，1871年更是被一名法国流浪汉砸碎，最后这名流浪汉被判处终身劳役，之后，人们又寻回碎铜片重新锻造。1965年的一天，天刚亮，人们惊异地发现基座上只剩下小于连的双脚，身子已然不见。直到第二年，人们才在布鲁塞尔的运河中找到铜像的身子，再度将之修复。

"撒尿小孩"于连铜像

是的，小于连承载了布鲁塞尔人的情怀。这个彰显勇敢与机智的故事，还带着一种漫画式的写意。果然，这就是诞生了丁丁和蓝精灵的城市，连传说都如此漫画化。

大广场的古典之美，小于连的天真之美，并非布鲁塞尔的全部。在欧盟总部，那栋现代建筑所具有的大气之美，便是布鲁塞尔的另一面。

布鲁塞尔被称为"欧洲首都"，并不仅仅是城市气质使然。从地缘上来说，当年欧盟三大强国——法国、德国和现在已经退出欧盟的英国，从各自的首都前往布鲁塞尔的距离都不远，这里十分便于他们紧急沟通。另外，第二次世界大战后，比利时与近邻荷兰、卢森堡一道，成为欧洲一体化的最热心推动者，它们也是早年欧共体、后来的欧盟，乃至《申根协定》的主要倡议者和首批成员国。

北约选择布鲁塞尔为总部所在地，也与地缘政治有关。最初北约的总部在巴黎，但经过多方博弈，最终还是移至布鲁塞尔。

黄昏时，坐在艺术山的广场中，俯瞰布鲁塞尔老城，王宫和几大博物馆都清析可见。视线越过精心修饰的广场花园，可以见到大片中世纪建筑，市政厅的高耸塔楼在这片建筑背后脱颖而出。

沿坡而下，走入这片建筑群，一条条街巷不再喧闹，各有奇趣。也是在此时，我突然萌发了避开人潮的想法。第二天一早，我们就来到大广场，昨日无比喧闹的广场，此时几乎无人，这让我们得以更仔细地观察广场上每栋建筑的华美。

也是在这一天，我们前往新城区。布鲁塞尔这座总部城市，有许多现代化大厦，它们与旧建筑交杂，构成与一般欧洲城市有别的街区，这是布鲁塞尔的另一种魅力。

在欧盟总部，广场上立着几块柏林墙，就像签署《申根协定》的申根小镇一样。欧洲人以这样的方式告诉我们：欧洲一体化是第二次世界大战后欧洲痛定思痛的努力结果。

# 10 寻找星星——现代城市里的古要塞

2016 年 7 月的一个下午，我临时起意，从荷兰恩斯赫德市驾车出发，一路狂奔近 200 千米，前往同位于荷兰的布尔坦赫。高速公路在荷兰和德国之间穿插，以至于导航频频提示"你进入了新国家"，手机的运营商短信也频繁响起。这段临时决定的旅程，我命名为"寻找星星"。

星星在哪里？就在布尔坦赫，或者说，布尔坦赫就是星星。因为，它就是传说中的古代星形要塞，也就是军事迷们熟知的棱堡。

星形要塞的英文名是 Star fort，是要塞的一种。它诞生于火药时代来临后，主要用来防御火炮攻击，最初出现于 15 世纪中叶的意大利。其最大特点就是拥有许多三角形棱堡，从空中俯瞰，要塞呈现星星形状。

15 世纪后期，法军入侵意大利。法军配备的火炮更为先进，能够轻易摧毁中古堡垒，为了抵御新式火炮的威力，星形要塞得到快速发展。与之一同提升的是城墙的建筑材料，砖块和泥土取代了原先的石材，因为前者抵御火炮的能力更强。

在星形要塞诞生之前，中古时代的欧洲要塞普遍采用环形样式的城堡。城堡多建于山上，可以有效防御敌人的弓箭，同时因为居高临下，己方弓箭射程更远。而且，有了地势辅助，敌军仅凭冲车和云梯等攻城工具，很难攻克城堡。在如今的欧洲，仍可见到大量类似的环形城堡遗迹。

但在火炮诞生后，炮弹可以直接轰击直立的城墙，环形要塞显得脆弱不堪。只要集中火力攻其一处，打开一个缺口，便有攻陷要塞的可能。而且，由于城墙过高，在火炮攻击下更易坍塌。

于是，建筑师们选择降低城墙高度，并增加其厚度和倾斜度，使之不易坍塌。事实证明它非常有效，这种墙体第一次展现其坚不可摧的特点的，当数1500年的比萨保卫战。当时，在法军加农炮攻击下，原先的中世纪城堡被击溃。随后，比萨人立刻建起一道倾斜的土墙，在防范敌人攀爬的同时，也更有效地抵御了火炮。

1509年，意大利另一座名城帕多瓦的保卫战，同样印证了这一点。一名身兼工程师的修士力主拆毁原有的中世纪城墙，挖壕沟围绕全城，并修建倾斜土墙，成功抵御了法军的进攻。

但城墙变矮也使得敌人更易攀爬上城墙。因此，有着突出主体之菱形平台的星形要塞应运而生。因为有着这种相互掩护的三角形棱堡，不论敌人从哪个方向进攻到城墙之下，防守方都可以从侧后方对其予以多角度打击。而且，因为棱角众多，横切面小，敌方即使有火炮也很难轰炸出一个开阔的缺口。再加上墙面倾斜，又与带斜堤的壕沟相连，比起垂直墙面，更能抵御火炮攻击。此外，星形要塞还会有半月堡、角堡、皇冠堡等配备，进一步增强了防御性。

因此，当时的欧洲各国都乐于招募意大利工匠建造新要塞。16世纪，星形要塞设计在欧洲被广泛采用。17世纪下半叶的建筑师柯霍恩，以及路易十四的军事工程师沃邦，都是星形要塞的最杰出设计者。星形要塞也是文艺复兴时代理想城市的图像，见于各种古籍之中。大名鼎鼎的米开朗琪罗，也从星形要塞的设计中汲取经验，升级了佛罗伦萨的防御工事。直到19世纪，因为破坏力更强的榴弹出现，星形要塞才渐渐凋落。现存的布尔坦赫要塞就诞生于1750年。

布尔坦赫星形要塞一角

　　如今的布尔坦赫，仅仅是一个有着 300 多名居民的小村镇，但星形要塞保存完好。它建于荷兰摆脱西班牙统治、谋求独立的八十年战争期间。当时，荷兰人意欲打通格罗宁根与德国之间的通道，布尔坦赫就建在了这条路上。

　　小小的布尔坦赫星形要塞，以集市广场为中心，多条道路由此向外发散。广场四周的精美小屋如今不是咖啡厅便是餐厅。布尔坦赫已不见昔日刀剑场面，化身为幽静小镇。

　　后来，棱堡曾随着西方殖民者传入亚洲。斯里兰卡的加勒堡、马来西亚的法摩沙堡都属此类。它们虽然没有星星的模样，但都借鉴了棱堡的设计。

　　中国人最容易见到的棱堡设计，应该是澳门的大三巴炮台。它由葡萄牙人建于 1616 年，炮台广场的四角向外延伸，构成四个棱堡，增加了射击视野。也正因此，1622 年，葡萄牙人在澳门击退了如日中天的荷兰人。

　　据研究，17 世纪欧洲殖民者在亚洲建造的要塞都或多或少采用了棱堡形式，即选择在某个位置向外突出一块菱形平台，以消除防御死角。

有意思的是，亚洲的棱堡也多为荷兰人所建。16世纪中期，荷兰人为反抗西班牙的统治，谋求独立，掀起八十年战争。由于荷兰地势低洼，均为平原，军队数量较多者自然占据优势。为了限制军力占优的西班牙人，荷兰人在境内建造了大量堡垒，均参考星形要塞的结构。当时，荷兰人雇用了大量意大利建筑师，并从中取经。到了17世纪，荷兰的星形要塞数量已是欧洲最多，并随着荷兰人的殖民扩张而遍布亚洲。

前文所说的澳门大三巴炮台算是一个例外，它是葡萄牙人所建，还抵御了荷兰人的进攻。这是因为荷兰在谋求独立的同时，也对西班牙和葡萄牙（二者同属哈布斯堡王朝统治）的殖民地进行攻击，并在占领地建设星形要塞以便于防守。西班牙人和葡萄牙人深感自己的旧式堡垒抵挡不了荷兰人，荷兰人的星形要塞又能抵御己方的反击，于是也开始模仿建造。

我们熟知的郑成功收复中国台湾地区，其间也有星形要塞的身影。1661年，郑成功率军攻打中国台湾热兰遮城（今台南市附近）。当时的热兰遮城是荷兰在中国台湾的殖民据点，荷兰人于1628年便开始在城市港口处建造要塞（安平古堡）加强防卫。要塞为砖结构，外墙由糖浆和沙石黏合，高度偏低却非常坚固，要塞四周则设置了棱堡。郑成功军队的进攻并未对要塞城墙造成太大损毁，反倒是荷兰人利用星形要塞的交叉火力反击，大量杀伤了郑军，迫使其停止正面攻城，转为长期围城。围城期长达8个月，由于缺乏有效的后勤补给，郑军的非战斗性减员十分严重。

到了年底，守城一方有人叛逃至郑成功军营，将安平古堡的防御部署全盘托出，并建议郑成功模仿建造棱堡。于是，郑成功在安平古堡的东、南、北三面建造棱堡炮台，并于次年1月以三面炮火夹击，拿下安平古堡的制高点。荷兰守军最终撤离中国台湾，中国台湾开始进入郑氏时代。

尽管荷兰人撤出了中国台湾，但从战事过程来看，当时欧洲的军事技术和素养已大大领先亚洲国家，星形要塞的建造和使用相当关键。郑成功以数万兵力仍无法短期内攻下仅有千余守军的安平古堡，便是明证。

如今，曾经拥有欧洲最多星形要塞的荷兰，却只剩下为数不多的几处星形要塞，而且普遍极小。这是因为荷兰独立后，已不再需要那些防线。加上武器的逐步升级，星形要塞即使存在，也无法起到当初的作用。荷兰作为一个低地小国，需要高效利用土地，那些不再被使用的东西必然会遭到清除，星形要塞也不例外。

如今仍然得以保留的星形要塞中，布尔坦赫或许是最小的，最大的则是纳尔登。

纳尔登距离阿姆斯特丹不过数十千米。10世纪时，纳尔登是港口，1300年成为城市，之后以纺织业著称。17世纪，该城建成防御工事，被著名的法国军队工程师瓦本设计成城墙厚重的堡垒，外围还挖了护城河。

在星形要塞里的纳尔登老城区，街道以齐整的星芒状发散。房屋多半是红色砖墙，也有大量铁艺装饰。始建于1455—1518年的圣维特大教堂是老城中心，也是荷兰现存最古老的教堂之一。登上高73米的塔楼，可以360度眺望纳尔登全景。一个个突出的棱堡，如今仍保持原貌，但已不再剑拔弩张。唯一的遗憾，便是无法一窥"星星"全貌。据说，因为有护城河的缘故，纳尔登的航拍图就像一只乌龟趴在水池中。

高耸的教堂塔楼与低矮星形要塞的结合，并非仅见于纳尔登。或者说，在那个星形要塞"大红大紫"的年代里，纳尔登远远算不上第一线。在西方文明的历史中，星形要塞的最大意义在于它在东欧地区阻挡了如日中天的奥斯曼帝国的西进，保住了基督教世界的独立。

星形要塞外景

## 11 为风车正名，为风车设立节日

荷兰的海上霸主地位，在 18 世纪被英国人打破。风车也面临着现代工业的冲击，先是蒸汽发动机，随后是内燃机发动机，再之后是电动马达，它们逐渐取代了风力和水力。

大量风车因此被拆毁，或者变成纯粹的储藏室。到 1923 年，荷兰只剩下 3000 架风车，到了今天，只剩下 1000 多架。

不过风车很快因为其历史和别致的美感，成为荷兰旅游的象征。荷兰将每年 5 月的第二个星期六定为"风车日"。每逢节日，风车上会挂满花环，悬挂国旗，还有硬纸板做的太阳和星星。

桑斯安斯风车村、小孩堤防风车村……这些风车村都已成为世界知名的景点。

相比色调明朗鲜艳、宛若童话的桑斯安斯风车村，距离鹿特丹仅仅十几千米的小孩堤防风车村更加古朴自然。

荷兰风车村

这个 1740 年建立，1997 年被列入世界文化遗产名录的排水系统，由 19 座风车组成，曾是荷兰最大的排水系统。它们至今仍保持着旧时色调，静静伫立在河畔，宛若几百年前，延续着旧日情致。

将风车村变成景点只是第一步，更重要的是长期持久的文化保育。目前，荷兰境内仍在运作的风车越来越多。许多拥有风车的磨坊，生产面粉、燕麦、果酱等并进行售卖。荷兰政府每 5 年会向磨坊主提供一次风车维护补贴，金额是相当可观的 3 万欧元。另外，政府也鼓励风车爱好者参与风车传承工作，磨坊主如果为爱好者提供培训，每年可得到 2500 欧元补贴。

虽然参与的年轻人仍然不多，后继无人的威胁一直存在，但荷兰政府的努力显而易见。加上文化保育领域的前景向好，风车的未来倒也不是太让人担心。

环保主义情绪的高涨，也让风车重新回到人们的视野中。荷兰政府开始重新修建这种绿色无污染的工具，提出了"到 2020 年，全国 20% 能源将由风力产生"的目标。

# 12　完全市场化的电视台怎么办下去

卢森堡的正中央是中心广场，这也是老城的中心地带，被一圈餐厅和咖啡厅所环绕。人口多元化的卢森堡，以美食多元化著称，如中心广场的多国餐厅便是明证。

还没到饭点，又想坐下来休息，我便选了个咖啡厅闲坐。门口的电视播放着音乐节目，若是看闷了广场的建筑，抬头看看 MV 也是不错的选择。

在很多人看来，广播电视行业与平台关系很大。"北上广"显然比地级市更有优势，省报、省台的平台肯定比地市报和地市台更大。如果将这个思路套用到欧洲的广播电视行业上，人们也会很自然地认为只有英、法、德这种大国的电视平台才更有竞争力。

但卢森堡不一样，这个弹丸小国居然把自己的广播电视业做到了全欧范围。

鸟瞰卢森堡城市中心广场

1925 年，卢森堡第一家私人电台诞生。1931 年，卢森堡广播公司成立，1933 年开始向全欧播出，播出语种包括法、德、英、荷、意等多种语言。

1954 年，卢森堡广播公司开辟电视业务，同时更名为卢森堡广播电视公司（简称"卢森堡广电"）。

其实，最初的卢森堡广播电视市场，就和我们的"三四线"城市的电台电视台一样，市场规模小，影响力无法走出当地。而且，相比中国广播电视业的政府背景，完全市场化运作的卢森堡广播电视业面对的形势更严峻，毕竟市场规模小，就意味着广告收入低，生存艰难。20 世纪 80 年代末期，卢森堡国内的数字电视用户仅有 15 万户，更别说网络时代到来后电视市场占有率不断走低了。

在这种情况下，卢森堡广电干脆走出国门，放眼全欧洲，开拓国际市场。它对外拓展的最早合作方是德国公司——德国传媒巨头贝塔斯曼。在一般人看来，卢森堡广电显然是合作关系中较弱的一方。可是，卢森堡广电于 1986 年便开始向德国传输信号，1989 年改为卫星传输覆盖，1990 年已完成收支平衡。

1993 年开始，卢森堡广电开始和德国公共电视台竞争，1995 年就在德国本土赢得了这场收视大战。1990 年，卢森堡进军荷兰，一年后就打破了荷兰公共广播电视台的垄断地位，甚至迫使荷兰修订了国内电视广播法。1993 年，卢森堡广电打入比利时，收视率也相当可观。

1997 年，卢森堡广电与德国 UFA 电影电视有限公司联合组建了欧洲最大的广播电视媒体公司。目前已拥有电视频道及广播站各三四十家，向 40 个国家转播数十套电视节目，每月观众人数超过 2.5 亿。

难能可贵的是，卢森堡广播电视业的发展，突破了体制的束缚。要知道，卢森堡是目前欧洲仅存的大公国。大公为世袭制，掌握最高权力。但这一体制难免有专制弊端，对行业有过多束缚。不过，卢森堡政府放开了对广播电视行业的限制，不进行任何干预，仅仅制定整体规划，具体运作完全市场化。最令人惊讶的是，早在 1929 年，卢森堡的法案就已取消了对广播电视行业的各种限制，允许企业私营化。

卢森堡在电视行业下的功夫不仅局限于节目，也看重技术。1985 年，在卢森堡时任首相的倡议下，欧洲卫星公司成立。这个私有跨国集团的总部设在卢森堡，而且卢森堡还通过金融机构持有该公司 20% 的股份。

1989 年起，该公司通过卫星系统向欧洲各地传输电视及广播节目信号。1999 年，它收购亚洲卫星公司 34% 的股权，随后又进军美洲市场。目前，卢森堡的欧洲卫星公司拥有 40 颗卫星，在全球覆盖率达 99%，是全球最大的卫星运营公司。

卢森堡创办欧洲卫星公司，不仅仅覆盖了全球市场，也使得自己站在了全球数字电视转化浪潮的最前沿，成为世界上第一个完成地面数字电视转化的国家。

## 13  芝士就是力量

在欧洲旅行，最有意思的就是逛市场，市场里最有意思的，当数那一块块巨型芝士，有的甚至同货车轮胎一样大。

芝士是欧洲人的必备之物。而世界上最出名的芝士大国，当数荷兰。荷兰每年仅出口芝士就达 40 多万吨，位居世界第一。荷兰人自己消耗芝士量也十分惊人，人均每年 19 千克。相比之下，不太习惯食用芝士的中国人，人均每年则只有 4 克左右。阿克马尔芝士市场是世界上最知名的景点之一，属于游客在荷兰的必"打卡"之地。

一个市场成为世界级景点？没错，这在欧洲不是新鲜事。比如匈牙利首都布达佩斯的中央市场、拉脱维亚首都里加的中央市场、德国汉堡的鱼市等，个个赫赫有名。阿克马尔市场则以芝士交易闻名，在这里，人们可以见识到芝士公会的传统。

荷兰以商立国，政府一度都由行业公会人员组成。鼎盛时期，各行各业的公会成为城市中坚，推动着这个国家前行。芝士公会当年也是最重要的行业公会之一，而且他们有一套传统交易模式，流程如下：

穿着传统白色服饰的芝士搬运工分成 4 队，每队 7 人，以红、黄、绿、蓝 4 种不同颜色的草帽区别队伍。两人一组，合力在木架上装满芝士，快步搬到称量房里过磅。那里有检查员拿起芝士，闻其香味，通过拍打查看软硬度，还要试试味道是否足够香浓，确定其是否合格。之后，过关的芝士就会被盖上印章，标明制造厂家、重量和日期等。盖章的芝士就可以进行交易，买家与卖家讨价还价，其间以相互击掌的形式确定价格。

不过说实话，因为早已变成旅游景点的缘故，阿克马尔市场的芝士交易更像一场游客围观的表演。如果你想对这个芝士王国有真正的了解，最好去原产地看看。

哪里是原产地？在荷兰，芝士无处不在，但最著名的是三个地方——埃丹、豪达和莱顿。在阿克马尔市场，你见到最多的也恰恰是这三个地方的芝士。

首先我们先说说埃丹，这里有世界唯一保持完美球形的芝士。

目前荷兰的传统芝士市场还有 5 个，除了阿克马尔和埃丹之外，还有豪达、霍伦和沃尔登。若说景色美丽与市场气氛的并重，首推埃丹。

即使在富庶安定宁静的荷兰，埃丹也是世外桃源般的存在。这个湖滨小镇遍布狭长河道，沉静美丽，哪怕没有芝士"加持"，也是一个适合晃悠的好地方。

这个始建于 12 世纪的小城，最早以沿河的农业和渔业为主。它能够在 16—17 世纪成长为繁华城市，芝士贸易功劳最大，而埃丹芝士也由此成为世界上最好的芝士之一。

在小城的扬·纽文豪生广场上，可以见到精美的旧时称量房，每年 7 月到 8 月的每周三上午 10：30 到 12：30，这里都会举办始于1922 年的芝士集市。流程与阿克马尔芝士公会无异，不过因为游客少，显得更为真实。商人会用小船将芝士运到市场，交易方式也是互相击掌，最后买家会用马匹或手推车将芝士运走。

阿克马尔市场一角（上）芝士市场（下）

　　埃丹芝士又叫红波芝士，多半用于出口，另外也有人叫它小圆芝士，顾名思义，是小巧的圆形芝士，每个重量约为 1.7 千克。这种芝士是半硬质芝士，水分含量为 40%—50%。它也是世界上唯一保持完美球形的芝士，占荷兰芝士总产量的 27%，排名第二。

　　在荷兰，芝士产量最高的地方是豪达，占据了国内一半产量。豪达芝士也叫黄波芝士，就像个黄色大车轮，每个直径为 30 厘米，厚 10 厘米，重 12 千克左右。

　　豪达芝士节是每年的 6 月到 8 月，逢周四上午举行。每当此时，小城中心广场上就摆满了芝士，还有许多身穿蓝格短袖上衣、红裙红袜，戴着白色小尖帽，脚蹬木鞋的荷兰姑娘。卖家穿蓝色衣服，买家穿白色衣服。

　　交易同样遵循古老的击掌议价方式，买家卖家一边快速报价一边击掌，最吸引人的当然是搬运工搬着芝士过磅的场面。

　　早在 12 世纪，豪达周边农民就开始在城中销售自制的芝士，芝士市场也有 300 多年历史。时至今日，芝士市场已经成为豪达最核心的景点，每年吸引数百万游客。

## 14  从不掉链子的"欧洲菜篮子"

荷兰国土平整，走到哪儿都是平原。这显然跟填海造地有关。相信就算荷兰之前有山有坡，也早就用去填海了。

这种没有山的地形，最适合发展牧场，所以荷兰国土有1/3的面积为牧场，奶牛和奶制品产值占畜牧业产值的七成。荷兰这个农业大国也因此被称为"欧洲菜篮子"。

荷兰奶牛被视为世界上最快乐的奶牛。据说奶牛们边听音乐边干活，干完活就休息，还有专门的按摩机器为它们松弛肌肉。有一头名叫"斯默夫"的奶牛，曾在15年间产奶超过216吨，打破了吉尼斯世界纪录，因而还被授予"乳房骑士"的爵位。

从1989年起，荷兰所有奶牛都不再吃动物源饲料，而是改为每天都吃新鲜的青草，还吃啤酒糟、玉米，以及由大豆蛋白、氨基酸、矿物质构成的浓缩饲料。

直到今天，荷兰人土法制作芝士仍是家庭常态。在荷兰乡村，几乎每户人家都有一大片草原可供放牧奶牛，另外还有一个仓库式的大工场作坊，农户就在里面制作芝士。先是发酵牛乳，之后压成饼状，包装好之后再放半年左右，就变成了芝士。

据记载，荷兰的芝士工业始于9世纪，制作的芝士最早供宫廷享用。到了中世纪，芝士工业日渐成熟，哈勒姆等地便开始出现了专门的芝士交易市场。荷兰芝士储存时间长，不易变质且便于运输，早在中世纪就远销德国，甚至通过海运抵达波罗的海和地中海地区。

几个世纪以来，荷兰芝士出口不仅从未间断，还保持稳步增长，今天连西印度群岛和南美洲都有荷兰芝士的存在。

要知道，世界上的传统农业大国可不少，但真正的发达国家不多。荷兰是一个罕见的特例：国家发达富庶，人均 GDP 长期位居世界前列，农民生活水平极高，居住环境极佳。可以说，不仅藏富于国，还藏富于民。

这一点与历史的选择有关。以商立国的荷兰，最重要的一个历史节点，便是王室将权力交给商人。而且，这个过程并不是强制完成的，更没有血腥暴力，而是一桩买卖。换言之，商人以交易的方式取得了国家管理权，使得国家利益与个体利益无限统一。

荷兰芝士市场内景

具体到芝士产业，那套古老的交易方式就是商业传统的明证。我们现在看芝士市场，更像一场表演。但要知道，在过去的几百年间，荷兰人就是以这样的"表演"，实现了芝士的广泛流通和大量出口。在那个信息闭塞的时代，这十分难得。

荷兰芝士的生产和流通，可以说是一条几近完美的产业链，而且它早在数百年前就已形成，后又随着技术进步愈发强化。如今，芝士产业的协作更为完善，对于农民来说，奶牛的育种可以交给育种服务公司，奶牛的健康和疾病预防可以交给兽医，奶牛的喂养可以交给专业的优质饲料公司，牛乳和芝士的出售可以交给专业的中间商，奶制品的质量把控和定价也有专业的第三方公司完成，十分省心。而这一切和谐的存在，都源于几百年来的芝士商业传统。

说到菜篮子，荷兰除了芝士市场外，还有鹿特丹的室内拱廊市场。室内拱廊市场不仅大，而且美。在鹿特丹的奇妙建筑里，它在我心中的地位甚至还超过了方块屋。

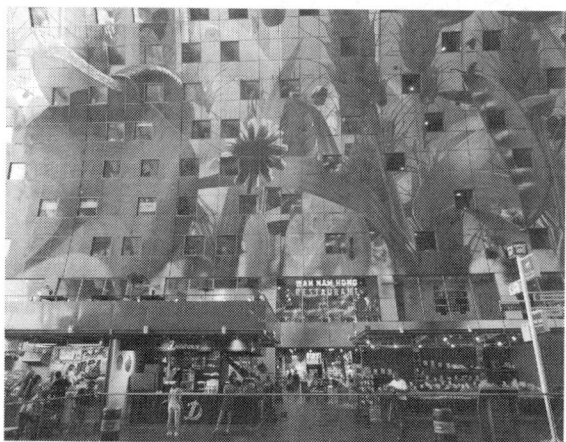

室内拱廊市场内景

中国人早已习惯了室内市场，但欧洲人一向习惯露天市场，室内拱廊市场正是荷兰的第一个室内市场。2014年10月，室内拱廊市场开业，由荷兰女王亲自主持开幕，它将肉菜、鱼类、商铺、餐饮、娱乐集于一体。更有意思的是，它居然还有住宿的房间。

住在菜市场里？没错。大拱廊两侧就是一套套公寓，共计228套，一边面向市场，一边面向外面，延伸至市场顶部。这个有足球场大小的市场，外观犹如马蹄铁，内部拱形天花板有着大型壁画，公寓的一个个小窗口就藏在壁画中，十分有趣。这个拱形天花板的壁画是荷兰最大的艺术作品，是以皮克斯动画技术制作的五层数码印刷画，展示了市场出售的鱼类、水果、面包和鲜花等常见商品，还有鹿特丹的标志建筑劳伦斯教堂。

100多个新鲜农产品摊贩、十几家商店和数家餐厅，外加1200个地下停车位，营造了一个完全独立的生活空间。如果能住在市场顶端的公寓里，不但可以每天望着这个颜值超高的市场，还完全可以变成世界上最宅的人，足不出市场，解决所有问题。

这个市场之美，很难用语言和文字形容。另外它的敞亮、干净和时尚，也颠覆了人们对菜市场的固有印象。与方块屋营造的社区理念一样，室内拱廊市场也体现着社区功能合一的理念。这也恰恰是鹿特丹现代建筑的内涵所在，它们并不盲目追求标新立异，并不以"怪"为美，而是要契合人们的生活。

## 15　重建一座城计划

第二次世界大战摧毁了众多欧洲城市，其中不乏名城。如拥有悠久历史的波兰首都华沙、被誉为易北河畔明珠的德国德累斯顿等，都在第二次世界大战中被夷为平地。那些在第二次世界大战中毫发无损的名城，如捷克首都布拉格和波兰的克拉科夫，也因此成为人类瑰宝。

战后，大多数欧洲城市都采取了原样重建的方式，人们搜集旧时典籍、资料、画作、照片乃至明信片，原封不动地呈现古城容貌。对于局部遭遇劫难的城市而言，修复难度显然小得多，但那些在废墟上彻底重建的城市，则在创造一个个奇迹。

作为完全重建的古城，华沙竟然入选世界文化遗产名录，这无疑是世界对华沙人执着精神的肯定。德累斯顿的重建也值得称道，德国人利用废墟上的砖瓦，辅以新材料，重建了一座座外表斑驳、容貌如昔的建筑，其中圣母大教堂更是令人感泣的奇迹。

正因为欧洲人的集体努力，我们如今才能得见宛若童话的欧洲。不过也有一些城市选择不走寻常路，面对废墟，它们没有原样重建，而是另辟蹊径，成为现代建筑的"斗秀场"，并实现了与众不同的建筑经济学，荷兰鹿特丹便是一例。

鹿特丹是荷兰第二大城市，名字取自城市中的小河鹿特河和荷兰语的 Dam 一词，后者是堤坝之意。它本是鹿特河附近的渔村。鹿特河原本流入马斯河，1250 年，人们在马斯河北岸修建堤坝，用闸门将马斯河和鹿特河隔开，于是便有了鹿特丹。

1340 年，伯爵威廉四世在鹿特丹挖掘运河，使之与代尔夫特和莱顿两大重镇相通，鹿特丹也开始繁荣起来。16 世纪，鹿特丹逐步发展，港口逐渐形成。18 世纪，鹿特丹对英、法两国的贸易十分繁荣，甚至已有船只远航印度尼西亚和美国。

19 世纪，鹿特丹的港口地位愈发重要。尤其是东、西德国统一后，鲁尔区的工业化飞速发展，带动了鹿特丹地区。城市迅速扩张，港口运输网络形成，四通八达的河流和运河连为一体，使得鹿特丹在 20 世纪初成为荷兰第一大港，也是世界最大港口之一。

第二次世界大战期间，鹿特丹遭遇厄运。1940 年 5 月 14 日，德军的狂轰滥炸使整个市中心和东部地区被完全破坏，建于 15 世纪的圣劳伦斯大教堂等众多公共建筑物被炸成一片瓦砾。只有市政府、邮局和股票交易所少量建筑残留。

第二次世界大战结束后，荷兰政府启动重建鹿特丹计划。城市建设者完全偏离了欧洲古城惯有的重建轨道，将鹿特丹变成了现代建筑的试验田。

也正因此，鹿特丹是一座与众不同的欧洲城市。它没有欧洲城市惯有的古朴精致和童话感，反而高楼林立，十分现代化。它的建筑也不仅仅是简单的摩天大楼和玻璃幕墙，不盲目追求高度和密度，而是充满设计感。走在街上，你总能见到各种奇思妙想。

如今，风格鲜明的荷兰建筑已自成体系，鹿特丹就是最重要的表现场所。荷兰人一向的开放与包容，不仅仅体现在历史上的商业立国、红灯区和大麻有限合法化等方面，也体现在建筑风格上。鹿

鹿特丹建筑

特丹为新锐建筑师们提供了足够的空间，包容他们的自由发挥、天马行空和标新立异，也让这座城市变得魔幻，成为过去几十年间最为世人称道的"现代建筑试验场"。

2015 年，在全球城市规划评比中，鹿特丹被评为欧洲最佳城市。评委们称"鹿特丹年轻开放包容的社区环境更能产生创新的建筑、城市设计和新的商业模式"。

与此同时，鹿特丹也成长为世界上最发达的城市之一，人均 GDP 位居欧洲前列。鹿特丹虽已不再像 20 世纪 80 年代那般贵为世界第一大港，但仍是世界上最繁忙的港口之一。它的造船、炼油和乳品加工等行业都处于世界前列。更关键的是，它与众不同的城市生态，正带动自身的特色工业和建筑旅游不断发展，每年慕名去鹿特丹观赏建筑的游客不计其数。

鹿特丹是一座不折不扣的工业城市和港口城市，但它的城市生态并未因此而"面目可憎"。它享受着工业时代的发达和富庶，同时也贯彻着"宜居"的城市理念。

荷兰 STC 集团总部

　　鹿特丹的建筑创新永远以人为本，即使再奇特、再异想天开，也不会流于形式。30多年前的方块屋就已前瞻性地提出了社区理念；Markthal 大型拱廊市场给予人们最舒适的社区购物体验；摩天大楼不再是冰冷的玻璃幕墙，呈现出了社区化生态。即使是河面上那一座座造型各异的大桥，也从未忘记行人与自行车的通行便利是第一位的。而由此衍生的建筑旅游和工业旅游，则仅仅是经济层面上的锦上添花而已。

## 16　在布鲁日，政治和经济的重要性都赶不上保护历史

说来有趣，几年之后，我对比利时名城布鲁日的最深刻印象仍然是前往酒店之路。

酒店并不难找，就在老城中心，距离市集广场和市政厅广场都不远。但进入老城之后，我们就开始了"不见天日的咣咣咣"之旅。什么叫作"不见天日的咣咣咣"？这是因为老城的道路非常窄，基本都是单行线，两侧都是三四层的中世纪建筑，华美且古朴，虽然不高，可因为路太窄，所以常令整条道路难见阳光。至于"咣咣咣"，就容易理解了，老城全是石板路，车子驶过怎会不"咣咣咣"？

这些狭窄街道都不长，一路七拐八绕，自己摸索路名然后寻找到目的地的可能性绝对为零。还要感谢现代文明让旅行变得容易，我们只需要听从导航指示，就可以走出这迷宫。

如果没有汽车，没有其他任何现代化玩意儿，这座老城就是中世纪的模样，无数人曾为之陶醉。不过有根特的珠玉在前，我倒是多了几分免疫力。直至今天，我最喜欢的比利时城市仍是根特而非布鲁日。

但布鲁日仍然惊艳，它没有任何死角，无论你走入老城的哪一条街巷，都只能用美来形容眼前的一切。

在佛兰德斯语中，"布鲁日"就是桥的意思。这个 14 世纪崛起的欧洲大商港，与根特和安特卫普一样，坐拥运河与港口，有着悠久的商业传统。

布鲁日老城鸟瞰

　　早在 1 世纪，罗马的恺撒大帝就下令在此地修建要塞，以保护海岸免遭海盗袭击。4 世纪，法兰克人从高卢的罗马人手上夺取此地，便有了佛兰德斯。1050 年，因为泥沙淤积，布鲁日不再直接面对北海，但仍有天然河道可通向北海。1128 年，布鲁日获得城市自治权，建了新的城墙和运河。

　　12 世纪，因羊毛纺织业和布料贸易的兴旺，布鲁日成为欧洲最富庶的城市之一。当时，布鲁日一边进口英国的羊毛和铁器，南欧的柑橘、糖和香料，北欧的皮毛和铜器等，另一边还会出口大量毛纺织品。

　　1277 年，热那亚商船驶入布鲁日，使得布鲁日成为连接地中海与北海贸易的第一座商业城市。除了贸易因此受益之外，布鲁日的财政体系也日益健全。银行业迅速发展，证券交易所也于 1309 年开启。在很长一段时间里，布鲁日拥有低地国家乃至全世界最发达的金融市场。就连以商业闻名的威尼斯人，都是在 1314 年才学到证券市场知识，而他们的老师正是布鲁日。

　　即使后来布鲁日的布料贸易渐渐被其他城市赶超，但布鲁日仍凭借良好的底蕴，转型为一座金融业发达的经济之都。尔后，大量银行家和艺术家云集此处，使得城市气质更为迷人。

　　时间来到 1500 年，因为天然河道也出现泥沙淤积，布鲁日再次失去通往北海之路，贸易和工业大受影响。为了重拾昔日荣光，布鲁日人于 16 世纪挖掘出新的运河，但这条 1566 年建成的新运河严重落伍。在它通航时，各国商人已经开始使用运载量更大的商船，吃水线甚至超过了新运河的深度。从此，布鲁日的经济再也没有回到过去的繁荣，以至于有人曾写过一本《沉寂的布鲁日》，称这座城市没有工业，中产阶级保守不思进取，城市人口不断减少，除了几百幢老建筑和运河外一无所有。

也许布鲁日再也无法重现当年顶尖工业城市的模样，可谁又在乎呢？1907 年，它拥有了新的港口，是如今欧洲最重要的港口之一。更重要的是，它于 2000 年被列入世界文化遗产，成为世界上最知名的旅游城市之一。

对于这座城市来说，政治、宗教和经济，哪个更重要？

如果从广场大小来说，低地诸国的悠久商业传统显然更重要些。布鲁日有两座广场，其中一座是小小的城堡广场，位于这里的哥特式市政厅建于 1376 年，是比利时现存最古老的市政厅，三座塔楼和墙身雕塑，书写着这座城市的过往。另外，圣血教堂也在这里，是布鲁日宗教权力的象征。几十步外的市集广场比它们大得多，也是布鲁日的中心。高耸的钟楼是老城的地标，也是昔日辉煌经济的见证。

在这座城市里，步行是最好的游览方式。以市集广场上那座 83 米高的钟楼为起点，不管怎么走，都能体会到这座城市的魅力。当然，首先要做的是爬上这座钟楼一览老城的全景。钟楼不但是布鲁日的象征，也被视为比利时最精美的建筑，它代表着布鲁日人的自治传统与自由意识。建于 13 至 15 世纪的它，至今仍是老城的制高点。沿着狭窄楼梯拾级而上，气喘吁吁到达顶端，便可见到整座老城。大片大片的红瓦尖顶营造出错落效果，延绵至远方。仅有的几栋高楼都是教堂，在你目力所及之处，甚至见不到任何现代社会的痕迹。

城内最好看的当然是广场上正对钟楼的那排行会建筑，如今多半是咖啡厅和餐厅。狭窄的建筑立面配上不同颜色，搭配在一起如童话世界。

布鲁日的一座桥

走走停停，到了运河边就可以船代步。以"桥"为名的布鲁日，拥有数十座古老的石桥，运河两岸都是古老建筑。坐在小船上，望向两岸，密密麻麻的建筑临河而立，也许除了外墙颜色更加缤纷之外，真的跟旧时没有区别。

即使满街游客，连已算是郊外的爱之湖公园也不例外，布鲁日仍然清新。当然会有一些见多识广者对游客过多的城市不以为然，但在我看来，布鲁日是少数几个被游客攻陷后仍不让人讨厌的城市之一。当然，也有人指责布鲁日的古建筑中，有不少是 19 世纪后模仿而建，但这修旧如旧、维持原貌的状态，难道不难能可贵吗？更何况，能躲过两次世界大战侵袭的欧洲城市又有几个？布鲁日人的从容也足以加分。他们固守着这座古老城市，在狭窄街巷中漫步，并没有因为游客多而吆喝生意。在某些僻静无人的街道上，偶尔有几扇古朴的门打开，走进去便是生活。

这座城市的历史保护也堪称典范，如今的老城，总体格局早于中世纪晚期就已固定。正如联合国教科文组织在授予其世界文化遗产称号时所言："它是一段长期历史的见证，体现了建筑的发展，特别是哥特式建筑；同时也对中世纪绘画艺术创新产生了有益影响，成为佛兰德斯原始绘画流派的诞生地。另外，它是整体建筑的杰出典范，表现了中世纪欧洲商业和文化领域的重要阶段，是对这一时期公共场所、社会和宗教机构'活的'见证。"

从 1970 年起，布鲁日政府就启动了公共空间重建和文化遗产保护，对老城进行保护与恢复。若无至今 50 多年的努力，就没有现在的布鲁日。

布鲁日人的有趣和传统，与这座古城相得益彰。在爱之湖附近的街区，我们坐下来吃晚饭。当我们问侍应 WIFI 密码时，他一脸苦恼地说他不想告诉我们："因为如果告诉了你们，你们就只顾着玩手机，不跟我说话了！"

也只有在这样的城市，才有这么好玩的人吧。

## 17  滑铁卢不在法国，而在比利时

阴雨连绵中，我驾车靠近了那座田野间的土丘。这里是典型的比利时乡村景致，田野起伏不平，细长的柏油路如缎带般在其间蜿蜒。远远望去，绿色土丘呈圆锥形，上面隐约可见一尊雄狮雕像。

你是否知道，就在这片土地上，曾爆发过一场影响世界进程的经典战役——滑铁卢战役？

滑铁卢距离比利时首都布鲁塞尔仅仅20千米，原本无甚特色，却因滑铁卢战役而闻名世界。

1815年，就是在这里，拿破仑率领法军与英国、普鲁士联军展开大战，最终法军惨败，"百日王朝"覆灭，这也是拿破仑的最后一战。

这一战最深远的影响，就是结束了英法争霸的局面，英国成为世界唯一霸主，在19世纪主导世界。从1815年滑铁卢战役结束到1914年第一次世界大战爆发，欧洲迎来了相对和平的百年，也迎来了高速发展期。

滑铁卢的土丘

在滑铁卢博物馆里，可以见到这场战争的过程与细节。在纪念土丘上，可以一览昔日战场的风光。但如果仅有这些，很难解释我们心中的疑问——拿破仑到底输给了谁？

要知道，直到今天，滑铁卢战役仍然是个谜。一生英明神武的拿破仑，在他人生的最后一战中竟然在每个环节都"败招"迭出，而战役过程中的各种偶发事件，也让人感慨世事弄人。

前几年有本书，名为《滑铁卢：四天、三支大军和三场战役的历史》，作者是英国的伯纳德·康沃尔。我的朋友高凌为该书写过一篇题为《诸神谢幕：滑铁卢战役与旧欧洲的终结》的书评。其中谈到，拿破仑身处的时代，既是一个复古时代，又是一个古典英雄难觅的时代。可拿破仑横空出世，创造着一个个古典英雄时代才会有的奇迹。在他之后，再也没有这样的古典英雄出现，19世纪乃至之后，开始进入普通人时代。

对于如今的我们来说，这个普通人时代当然不是坏事，但古典英雄时代也难免让我们浮想联翩。

回到那个问题，拿破仑到底输给了谁？也许，就像过去欧洲的那些国王一样，他输给了钱。

法国大革命爆发后，拿破仑迅速在法国政坛崛起，并成长为欧洲最具影响力的人物。

拿破仑崛起的原因很多，他的果敢强悍、法国的纷乱时局、人们对传统英雄的渴望……都是重要因素。还有一个现实的关键，则是拿破仑在一定程度上解决了钱的问题。

打仗确实是最花钱的事儿，不过在欧洲各国的军费支出中，除去必需的武器、粮食和运输等开支外，很大一部分是薪酬。而且，这个薪酬不是普通的兵饷，而是雇用费。在很长一段时间里，欧洲各国的军队都由雇佣兵组成，如果不花钱，就没有军队可用，所以这笔支出实在惊人。

拿破仑的解决办法是在欧洲率先实行征兵制。既然是征兵，比起雇佣兵的费用可就降了一大截，甚至只需要个零头。所以，法国的钱袋子宽裕了，也可以拥有更为庞大的军队。

面对欧洲各国对法国大革命的恐惧，以及由此组成的反法同盟，拿破仑用征兵制解决了问题。1793年，法国国民公会颁布《法国全国总动员法令》，规定18—25岁的所有男性公民必须参军。1798年，法国颁布了正式的征兵制度，并击退了反法同盟。

不过，拿破仑推行征兵制，更多是从人手层面考虑，即希望拥有更多的兵力，财政方面的受益只是附带，或者说无心插柳。从拿破仑的一生来看，他从来都不是理财好手。

之所以说拿破仑"曾在一定程度上解决了钱的问题"，是因为征兵制只能短期省钱，却不能长久地解决问题。或者说，征兵制可以解决防守问题，却无法彻底解决进攻问题。

尽管拿破仑的军队曾驰骋欧洲，但背后的军费问题一直是一座沉重的大山。一旦涉及全欧作战，武器、粮食和运输的花费将是一笔天文数字，但拿破仑对此可没有任何解决办法。

《世界小史：从金钱暗流中看懂国家兴衰》中提到，其实只要拿破仑有一点经济头脑，这个问题并不难解决。要知道，在当时的法国附属国中，恰恰有大名鼎鼎的荷兰王国，它的阿姆斯特丹就是当时的世界金融中心。只要运作得好，阿姆斯特丹就可以为拿破仑提供足够财源。

拿破仑不但没这样做，还对阿姆斯特丹的金融家们施以高压，导致许多人逃往伦敦，使得伦敦成为新的金融中心，从而也奠定了英国的未来经济霸主地位。

拿破仑搞不了金融，就只能靠一些"笨招"。他先是向领地收取赔偿金，但一来杯水车薪，二来得罪人。接着又把法属北美殖民地路易斯安那以1500万美元的低价卖给了美国，这块土地涵盖了当下美国的15个州，相当于美国国土面积的23%。这样还不够，拿破仑只能再恢复被法国大革命废止的盐税。

奥斯特利茨战役中的拿破仑，弗朗索瓦·热拉德1805年绘制

与此同时，拿破仑最大的敌人——英国人是靠什么积攒军费的？税制改革、发行国债。一比较，高下立判。

其实作为大陆国家，在大航海时代后，法国人被欧陆争霸所羁绊，无法像英国人那样专注海外扩张和贸易，本就失去先机。而且，因为欧洲各国错综复杂的关系，法国的争霸成本极高，回报却极低。即使以拿破仑的天纵之才，一次次带领法国获胜，但在与反法同盟的车轮战面前，终究有被拖垮的一天。

相比之下，英国人的情况好得多。有数据显示，17世纪末的100年里，法国的税收是英国的两倍。在税收之外，法国人唯一的办法就是借款。英国人则不同，理财手段多样，仅仅是英格兰银行，就比对岸的法兰西银行早诞生了100多年。

拿破仑并非不知道英国人的财政优势。他曾推行"大陆封锁"政策，"要用陆地的力量征服海洋"。他的"大陆封锁"政策，固然使得英国遭遇沉重打击，1811年的棉纺织业缩水四成，英格兰银行储备金大减，但对于欧洲其他国家来说同样是沉重打击，以至于反法同盟力量日渐壮大。

从财政角度来说，拿破仑的失败是必然的。如我眼前的滑铁卢，就是这个失败者的最后辉煌一刻。

那座40米高的山丘，其实出自人造，名为狮子丘，得名于山丘顶部那座重达28吨、面向法国的铁铸狮子像。据说，狮子像是以当年散落战场的加农炮为材料铸成的。当年，小丘所在处是荷、比军队将领奥兰治亲王受伤之处，1826年，荷兰国王威廉一世下令修建纪念丘，以纪念阵亡将士。

登上200多级台阶的土丘，若天气良好，肯定连布鲁塞尔都可眺望。昔日血腥战场，如今宛若童话，不仅仅滑铁卢如此，整个欧洲都如此。

相比土丘，威灵顿纪念馆就显得毫不起眼。那栋两层小楼曾是联军指挥部所在地，威灵顿将军就是在这里运筹帷幄，赢得了一场经典战役。也是在这一场战役后，威灵顿被授予滑铁卢亲王一世称号，并受封了滑铁卢周边1083公顷的森林和土地。

不过，作为这场战役的胜利者，威灵顿的纪念馆远离人们关注的焦点。大多数游客甚至根本不会去探访，或者说，很多人根本不知道这个名字。

在大多数人的认知里，滑铁卢就等于拿破仑。

正如雨果所说："失败反而把失败者变得更崇高了，倒了的拿破仑仿佛比立着的拿破仑更高大。"滑铁卢就说明了这一点。在这里，没有威灵顿的雕像，却有一座拿破仑的铜像。

在土丘之下，是滑铁卢战役博物馆，展示着各种文献资料。博物馆的最下面一层，是描述战役全景的巨幅油画。这幅高 12 米、长达 110 米的环形油画，早在 1912 年便在此展出。配上模拟的战马嘶鸣声、枪炮声和号角声，确实让人有身临其境之感。

这场战役后，欧洲被改变，世界也被改变。

## 18　蒙斯的钟楼保护

距离比利时布鲁塞尔仅 50 多千米的蒙斯，是一座小巧的中世纪古城。其老城地势起伏，遍布老房子，漫步其间，还有点与世隔绝的味道。当我驾车经过近郊时，才发现这里有不少工厂。查了资料后才知道，它不但是比利时最重要的交通枢纽之一，还是比利时南部工业最为集中的城市之一。2015 年，它获得"欧洲文化之都"的称号。

我当时停车之处是一段上坡石板路，两侧都是老建筑。沿路前行，从上坡走到下坡，就可以到达老城的中心——市政厅广场。

有意思的是，在这段石板路上，有一个庞大的创意装置，散乱的木条搭成鸟窝状，遮蔽了老街的天空。从木条的间隙看旁边的老教堂，实在给人一种古典与现代交织的奇妙感觉。

见惯了欧洲城市的老广场，蒙斯的市政厅广场即使再古朴迷人，也很难让我激动。不过惊喜随即出现，就在市政厅前，有人正在举行婚礼。

蒙斯的市政厅外墙斑驳，承载着岁月的痕迹，灰瓦组成的斜顶上有带绿柱廊亭的钟楼。如果你熟悉欧洲建筑风格，就会发现这栋市政厅建筑是融合的产物。建于 13 世纪的它，在此后几百年间历经改建，所以，原本哥特风格的主体建筑立面，就这样混搭上了文艺复兴风格的钟楼。

这座又名和平之家的市政厅，承载着蒙斯人的梦想。其实，蒙斯这座历史悠久、手工业一度十分发达的繁荣都市，历史上曾多次遭战争侵袭。

最著名的一场战役当然是蒙斯战役。它爆发于第一次世界大战期间的 1914 年 8 月 23 日，也是英军参战之始。当时，英军在蒙斯附近布防，试图阻止德军。在付出惨重代价后，终于守住阵地，帮助比利时军队和法国军队成功集结，最终确保了马恩河战役的胜利。到了第二次世界大战期间的 1940 年 5 月，蒙斯遭德军轰炸，诸多历史遗迹化为灰烬。

历经劫难的蒙斯人，又怎会不期望和平呢？

如今的老广场上，遍布旧时建筑，不同时代与风格的建筑杂陈，咖啡厅和餐厅林立。城市以老广场为中心，一条条石板路向四周发散。广场上的喷水池，每隔一段时间就会"绽放"，成为孩子们的嬉戏之所。

蒙斯钟楼

市政厅前正好有婚礼在举行。一对新人，携手在石板路上走过。观礼亲友衣着各异，有人庄重，有人随意。大家交谈、拥抱，古朴市政厅的哥特式拱形窗和雕饰都成了他们的背景。这动人的场景在欧洲常可见到，可在我们看来，总是感觉新鲜与温馨。

市政厅背后是座小山，依旧是石板路，两侧都是民宅。沿坡而上，就可见到蒙斯的制高点——蒙斯钟楼。

87米高的蒙斯钟楼修建于17世纪，当年除了报时用，还曾经用作监狱。从钟楼内部的石阶和木梯爬上去，就可以见到那座大钟，它在一个个复杂的齿轮的倾力配合下，为这座城市报时。

钟楼的中庭有一套类似谷歌街景的系统，可以在一个个大屏幕上播放整座老城。对照着大屏幕去看窗外的老城实景，成了我们乐此不疲的游戏。

蒙斯钟楼内景

　　眼前的蒙斯老城，一如旧时，见不到任何高楼和现代化建筑，密密麻麻的斜顶组成了一个童话世界。在富庶的比利时，蒙斯当然不会例外，走到任何一个角落，都可以感受到它的安逸。

　　这一切，都与钟楼有关。比利时有很多钟楼，它们与法国钟楼一起，共计 56 座，集体被列入世界文化遗产。这些钟楼不但有守望和报时功能，还象征着市民社会的形成。在欧洲，钟楼诞生之初就是独立和自由的象征，是市政议员获取自治权力的标志。我们所见到的现代文明，就是这样一步步走来的。

　　站在钟楼前的草地上，刚好可以见到大教堂的屋顶。钟楼背后的自治传统、教堂所代表的信仰，与蒙斯如今的富庶安逸，就是如假包换的因果关系。

## 19　农村不应是"脏乱差"的代名词

相信如果你在网上搜索"世界最美村落"之类的推荐网文，荷兰的羊角村总能入围。在我去过的村子中，它确实是当之无愧的第一，美到不似人间。这里小桥流水，一户户人家静静伫立于一个个小岛上，家家户户都自带大花园，绿意盎然，百花盛放，安静中自带悠然。不过，描述羊角村美景的文字已经太多，今天要说的不是景色，而是规划。

羊角村之名还真的来源于羊角。最早是一群煤矿工人定居于此，挖掘工作使得当地形成了星罗棋布的水道和湖泊。在挖煤的同时，工人们还在地下挖出许多羊角，据考证是来自 12 世纪在此生活的野山羊，于是便有了羊角村之名。

驾车来到羊角村，车子必须停在村口停车场处，然后步行进村。因为村子遍布水道和小桥，道路也仅限步行或骑行，车子根本开不进来。村中的房舍很有特色，屋顶都由芦苇编成，据说十分耐用，不仅能防雨防晒，还能保持屋内冬暖夏凉。也正因此，芦苇这种当年买不起砖瓦的穷人才用的材料，如今价格反而是砖瓦的几十倍。

这个旧时煤矿工人的居住之地，如今地价在荷兰也是数得着的，所以不少居住者都是有稳定职业和优厚收入的中产阶层。

外行看热闹，内行看门道。在大量"新农村"的研究中，羊角村都是标志性样本。

要知道，这个村落原本并不适合居住。煤矿二字本身就自带灰头土脸效果，过度挖掘使得土地贫瘠，而且泥潭沼泽密布，除了芦苇之外，其他植物很难生长。当煤矿开采殆尽后，只留下被反复开凿过的土地，还有一道道狭窄沟渠。即使人们为了行船，将沟渠拓宽，改造为运河，羊角村的格局也没有太大变化，景色更是比不上一般的荷兰运河城镇。

可就是这样的先天不足，居然造就了一个世界最美村落。羊角村是怎么成为"新农村"样本的？

荷兰羊角村的民居

我们知道，近年来乡村游火爆，很多人喜欢标榜原生态，喜欢嚷嚷"古旧味道"。其实我个人很讨厌这种说法，因为在大多数时候，所谓原生态就是落后和脏乱差。至于"古旧味道"，很多人都会说自己特别喜欢绿皮火车，可是 20 世纪 80 年代绿皮火车的粗糙肮脏，尤其是那简直无从下脚的厕所，真的是美好记忆？乡村也一样，以往的中国乡村即便有美丽的老建筑，各种旱厕、粪便和垃圾也让人难受，并不具备旅游条件。反倒是近年来经济状况好了，一些乡村改善了基础设施，才具备了乡村游的条件。

换言之，最美村落的形成，绝不是某些人理解的"保持几百年前的样子不变"。它首先应该跟得上时代，起码应该宜居。判断是否宜居的标准很简单：一个现代人能不能选择在这里长住？如果那些嚷嚷着喜欢原生态的人只是来旅行两天，住三天就叫苦连天，那可就是叶公好龙了。

所以，最美村落的基础是经济。如果经济不发展，那么原生态就等于落后。那些喜欢把原生态挂在嘴边，旅行两天就走，留下一堆垃圾的猎奇者，凭什么要求"保持原生态"，让村民们长期生活在落后之中？

荷兰经济高度发达，贫富差距和城乡差距极小，羊角村的发展自然具备了经济基础。尽管村子遍布水道，但河水极其清澈，河面倒映着房舍，路面之外全部有植被覆盖，遍布鲜花，加上欧洲式的蓝天白云，田园风光令人迷醉。

没错，让人心生"在这里长住该有多好"的念头，是最美村落应有的"素质"。

的确，凡是去过欧洲的人，都会对欧洲（尤其是传统西欧）的农村很有好感。童话般的房屋、密集的绿化、规整的道路，还有蓝天白云……都是标配。

美丽农村可不仅仅取决于经济基础，还跟规划有关。老牌发达国家各有各的模式，但有一条共同的重要准则：不仅仅考虑居住的面积、舒适度和基础建设，还将整个乡村置于大景观范畴下，将自然风景、园林等元素与乡村风貌、水土管理等结合在一起，达到"艺术化乡村"的效果。

经常见到有人夸赞欧洲人的审美，比如"阳台上的花真好看""市场里蔬果的摆放太美了""店招和橱窗太漂亮了"，还有农村随处可见的私家小花园，都是美的代名词。但欧洲人都是艺术家吗？都是艺术院校科班出身吗？当然不是。那为什么很多文化层次不高的人，仍然具有相当不错的审美能力，可以让生活中的一切都变得精致？这跟日常的耳濡目染分不开。而让他们耳濡目染的环境，恰恰就是政府所保护的自然环境和所打造的宜居环境。

早在 20 世纪 50 年代，荷兰的风景园林师就开始参与乡村规划工程。这些乡村规划工程都是置于荷兰土地资源整合的运作体系之下的。

相比平原较多的德国和法国等国，荷兰的农村规划难度大得多。这是因为荷兰运河太多，水道使得陆地支离破碎。与此同时，传统农业已经转向机械化、集约化和专业化，机械化操作使农民可以耕作更多土地，过多水道导致的土地碎片化，必然造成机械化运作的障碍。

因此，早在 20 世纪初，荷兰政府就开始在农村启动土地整合。1924 年，荷兰颁布第一版《土地整理法》，旨在改善农业土地利用，促进农业发展。其中最重要的环节就是土地置换，使土地相对统一，减少过度零碎导致的开发困难。1938年，荷兰颁布第二版《土地整理法》，大方向不变，但简化了办事手续，并给予农民们财政补助。

当然，这两次法案的颁布，主要目的是发展农业，并未将乡村景观列入规划。因此在农业得到发展的同时，景观却遭到了一定的破坏。

1947年，荷兰颁布《瓦赫伦岛土地整理法》，从简单的土地重新分配转向更为复杂的土地发展计划。1954年，荷兰颁布第三版《土地整理法》，除了继续推动农业外，也开始重视园艺、林业和养殖业。也是在这一版《土地整理法》中，明确规定了景观规划必须作为土地整理规划的一部分。也正是在此之后，风景园林师这一行业成为乡村规划体系中的重要力量。

20世纪70年代，荷兰社会开始正视经济发展带来的环境问题，呼吁保护历史和生态景观。1981年，荷兰政府颁布《乡村发展的布局安排》法案，该法案与此前颁布的《户外娱乐法》和《自然和景观保护法》构成此后20年荷兰乡村发展的法律依据。此后，自然和历史景观的保护被置于与农业生产同等重要的地位。

在这个过程中，融合自然景观保护和旅游休闲的羊角村就是荷兰乡村规划的经典案例。下文我们将通过羊角村与白村来讲述荷兰人是如何做乡村规划的。

## 20 规划原生态农村

在很长一段时间里，羊角村因为土地贫瘠、河道过多，且被众多湿地阻隔，交通不便，又远离大都市，一直未能享受荷兰经济发展的红利，甚至最后沦为一座依靠传统农业艰难度日的孤岛。

据资料记载，1969 年，羊角村开始筹备规划事项。1974 年，当地的土地开发委员会成立，制定了土地开发规划。规划确定了农业生产用地和自然保护用地，也确定了水道的用途和道路的建设方案。

在这个过程中，羊角村体现出荷兰乡村建设中最重要的一点：自下而上，乡村多元共治。通俗地说，就是居民不仅是乡村建设的主力，还是景观的塑造者、环境的保护者、利益的共享者。

中国乡村建设在这一点上是需要改进的。中国乡村建设的路径较简单，主要走"镇区模仿城市，乡村模仿镇区"的路子，最后易形成"千城一面""千村一面"的局面。在这个过程中，乡村往往处于整个规划系统的末端，没有自主制定乡村规划的资格，只能接受上级的安排，导致规划方案易脱离实际，和乡村自身的特质无法契合。

即使是一些旅游业发展不错的中国乡村，也存在着问题。整个村子变成了景区，自从收取门票之后，村里都是商店和食肆，偏偏没有了居民。这一方面破坏了乡村本身的风貌和宜居环境，另一方面，由于外来者都是以赚钱为目标的，很难考虑乡村的持续发展，难免竭泽而渔。

羊角村就不一样，直至今天，它仍然是一个由绝大多数农民和一些中产阶层新住户组成的村落。在这里土地是居民的，房舍是居民的，花园是居民的，河道是居民的……为了保护私有财产，居民们会主动保护村落，并维持固有风貌。

喜欢以脚步丈量所到之处的我，自然更喜欢在羊角村步行。当然也有不少游客选择坐船游览。走在小路上，时不时可见运河上的小船慢慢驶过。

即使是在欧洲司空见惯的游船，羊角村也费尽心思打造精品。目前羊角村所用的游船，是当地特有的"耳语船"。它是一种传统的平底船，船体开放，最宽不过1米多，船尾配备一个无声电动马达，通过方向盘控制，行船悄然无声。这种船靠电池驱动，每次可以行驶6—8个小时。它不但小巧无声，操作也简易，因此不需要配备专业舵手，游客很容易上手。

最初发展旅游业时，羊角村曾采用人力平底船和独木舟。20世纪中叶，随着技术进步，羊角村开始采用燃油机电船。到了20世纪70年代，羊角村开始使用新型储电电动船，也就是现在的"耳语船"。在很长一段时间里，这三种船在羊角村同时存在。

1992年，高频率燃油机电船进入羊角村，虽然这种船时速可达50千米，但噪音极大，引起了游客与居民的多次冲突。羊角村在反复征询居民意见后，最终决定禁止燃油机电船进入羊角村水道，游船都使用"耳语船"。

如今的羊角村里十分安静，你能听到的声音，就只有流水声和鸟叫声。在这个村落里，你能体验到的夜生活不过是区区几家安静

门前停放有"耳语船"
的羊角村房屋

的酒吧。这里仅有一两间工艺品商店，而且迥异于一般的旅游纪念品商店。没有任何人吆喝招揽生意，也没有任何"走过路过不要错过"的标识。

就是这个安静的小小村子，每年接纳 80 万名国际游客，占荷兰这个旅游大国的国际游客总人数的 5%。其中，喜欢小桥流水的中国游客尤其喜欢羊角村，每年造访荷兰的 30 万名中国游客中，2/3 都会到访羊角村。有人估算，仅仅是羊角村的中国游客，每年就为羊角村所在的艾瑟尔省创造了 2900 万欧元的经济效益。

中国游客热爱羊角村，一方面是小桥流水的情怀使然，另一方面也跟羊角村的运作有关。2015 年，羊角村针对华人旅游市场推出《你好，荷兰》纪录片，通过一个中国女孩寻找"世外桃源"的经历，展示羊角村风情。该纪录片随即使羊角村成为"世外桃源"的代名词，也成为中国人眼中的网红村。

当然，作为网红村，羊角村这两年也曾抗议过中国游客。要知道，虽然羊角村在国内旅游市场名气很大，但以荷兰社会的经济健康度和高福利状况，羊角村即使没有旅游业，当地居民的生活水准也会很高。也正因此，他们即使看重旅游业带来的收入，也不会容忍旅游业打破自己平静的生活状态。他们对中国游客的指责与欧洲许多城镇相似，他们认为中国游客往往将羊角村视为博物馆，随便进入住户的院落，甚至趴在窗子上对着屋里拍照。这让我想起了在奥地利网红小镇哈尔施塔特见到的情景，当地人在镇内几个地方挂出中英文告示，表示哈尔施塔特不是博物馆，请游客不要进入私家花园，不要大声喧哗、乱扔垃圾。在这些告示里，中文在前，英文在后，更像是对不认识中文的西方游客的解释。但告示中却没有日文、没有德文、没有韩文、没有法文……

荷兰乡村规划的另一个典范是白村。

白村的四周是大片草地与原野，草地上有一栋非常大的宅邸，古朴粗粝，斜顶红瓦，主建筑与后面的平房连为一体，庄园平整，是典型的荷兰田园风情。起初见不到正面，只能猜测其格局，想必主建筑住人，后面的平房做工作间和仓库。在欧洲旅行，我最喜欢猜测这些宅邸的内部结构，就像童年时喜欢在青岛老城区的一个个欧式老庭院里"探险"那样。

走到正面才发现建筑所围绕的庭院也不小，其中部分作为餐厅使用。在庭院里的露天桌椅上喝杯咖啡，眼前的荷兰乡间景致就是最好的陪伴。

后来才知道，这栋建筑叫作大海赫要塞农舍，得名于旁边的大海赫湖。不过最特别的还是它的土黄色外墙，放在别处平平无奇，但在建筑墙身普遍为白色的白村，可就抢眼了。

白村其实只是个"外号"，这里的真名叫托尔恩，是荷兰林堡省的一座小城镇，仅有 2000 多人口。

为什么建筑都是白色？我听到的说法可不少。

一种说法是18世纪末，法国人占领此处，要求居民按法国规矩缴税，即以房屋窗户的大小和多少作为收税多少的依据。很多居民为了减税，便将窗户封住，然后又重新粉刷墙壁，且大多选择了白色，并保留至今。

还有一个主流说法，说的是托尔恩曾是一个小公国，有一位女贵族在这里创办了一座贵族女子修道院，教授贵族女子礼仪和知识。为了表示对修道院的敬意，当地居民将房子刷成了象征纯洁的白色。

其实，不管什么原因，这座不通火车、地处偏僻的白色小镇都很值得一来。在城外的停车场，我见到了几辆旅行大巴。欧洲旅行团基本是老人团，只见他们成群结队走向城镇中心，一路优哉游哉，倒是很契合白村的气质。像我这样的自驾游者不多，毕竟白村的名气并不大。

走在城镇中，随时可以听到"哐哐"声，那是自行车和地面上的鹅卵石碰撞的声音。白村人像其他荷兰人一样喜欢骑行，道路上乃至住宅的庭院里都铺满了来自马斯河的鹅卵石。这些鹅卵石颜色各异，组成各种图案。

城中的最高点是圣米迦勒教堂，它的前身就是那座建于1150年左右的本笃会女子修道院。这座修道院曾几经改建。18世纪时建造的巴洛克风格的大厅、祭坛和唱诗台保留至今。1860—1880年间，教堂终于定格为今天的模样，尤其是塔楼顶端的部分，就是当时修建的。如今教堂里有一个小展厅，展出当年女子修道院时期的物件，比如贵族少女们的手工缝纫和日常用品。

当年的闲适惬意保留到了今天。教堂前的葡萄园广场是白村的中心广场，两侧都是素净的白色房子，夏日午后极为安静。不过

荷兰白村的街道与公共墓地

与其说这里是广场，倒不如说是一条宽阔的道路，不时有骑行者经过，地上的鹅卵石图案正是白村的城市徽标。

当然，白村并非只有白色，几乎所有房舍的窗台上都种满了花，尤其是红色的天竺葵，在白墙衬托下显得尤为鲜艳。许多房舍的墙角都摆满了花和陶塑，精致可喜。最美妙的当然是带庭院的房舍，小院里种满了花，最多的当然是欧洲人最喜欢的绣球。并不算多的餐厅，总是坐满了喝咖啡晒太阳的人。店铺也不多，而且多是陶艺和铁艺店，成品相当古朴精美。

一道道白墙和一条条鹅卵石道路，就是白村的全部。"一个时光停顿的地方"，尽管这个形容很俗套，但用在白村身上却很恰当。

## 21　填海造地，规划小岛

双向两车道，厚实的柏油路，一直向远方延伸。这样的道路在欧洲平淡无奇，却令我们大呼小叫。原因很简单，道路两侧都是一望无际的湖水，我们其实是行驶在一条堤坝上。

当然，道路两侧的艾瑟尔湖，原本不是湖，而是海。只是荷兰人世世代代的围海造田，才将这里变成淡水湖。

我们的目的地是马尔肯，它最早与大陆相连，但在 1164 年的一次强大潮汐作用下，该城漂移为海中小岛，后来又变成湖中小岛。这道堤坝将马尔肯和陆地连在了一起。

我们除了乘船前往之外，还可选择驾车。当然，也可以骑行，一路上我们见到不少骑行者。对于热衷自行车旅行的荷兰人来说，从阿姆斯特丹到马尔肯的几十千米距离，绝对是小儿科。

所以，在小城入口的停车场，既有密密麻麻的机动车，也有一辆辆自行车。

停车场旁边的那座小桥，就是马尔肯的入口。这座贝娅特丽克丝桥，名字源于荷兰的贝娅特丽克丝女王，桥头的白色拱门则是典型的荷兰样式。

这个小村落也是典型的荷兰滨海乡村面貌，一栋栋红瓦斜顶的房舍沿纵横村中的运河而立。第一层的外墙多半是红砖，第二层的外墙为绿色、红色、棕色或蓝色。院落或大或小，都有平整草地和鲜花。这里干净整洁，小屋宛若童话，村旁的大草地上，一头头牛无比悠闲。

通往马尔肯堤坝的道路

马尔肯肯定不是荷兰最美的村落，但小岛的"身份"给它加了分。在这个大陆以外的地方，它悠闲干净如同梦幻。

在这个即使随意溜达也会很舒服的小村里，每个人都会放慢脚步。但人流总会指引你，或是一路向东北，或是一路向西。

向东北走，会经过以荷兰王后马克西玛之名命名的马克西玛桥。这里通往小村的制高点——凯尔克比特教堂，而这一带正是小村最美的街区。

若是向西，则可前往港口。这是马尔肯最具魅力的地方，停泊着一艘艘帆船。这些船只都是私人所有——一个荷兰人拥有一艘船，似乎是并不难实现的梦想。人们在海上、湖上驾船来到马尔肯。湖边有一排斜顶房舍，都是餐厅和咖啡厅，人们坐在门口或湖边，享受着惬意的风。

这座小岛是荷兰多年努力的见证。对于这个与海争地的国家来说，马尔肯与陆地相连的堤坝，并非什么大工程，却让这座梦幻小岛回到人间。在这片土地上，宜居的氛围真真切切，人们的每一分努力也都实实在在。

## 22 将废弃港口变成风景秀丽的后花园

在旅途中，你有没有遇到过那种原本打算顺道一游，结果来了就不想走的地方？在荷兰，唯一让我有此感觉的就是恩克赫伊曾。

荷兰国土面积不大，城市化程度又高，因此地图上的城镇星罗棋布。从一座城市到另一座城市，往往只有二三十千米车程，最适合我等自驾游者一路玩下去。

恩克赫伊曾位于北荷兰省，我从埃丹出发前往霍伦时，就将之列为途经地，打算顺道一游，结果却是满满的惊喜。

这座小城曾是荷兰最富庶的城市，也是 17 世纪荷兰黄金时代的重要港口。1602 年，荷兰东印度公司成立，成为荷兰海外贸易的"指挥棒"，它的 6 个办事处就分别设在阿姆斯特丹、代尔夫特、鹿特丹、米德尔堡、恩克赫伊曾和霍伦，由此可见恩克赫伊曾的地位之显赫。

时至今日，"海上马车夫"的辉煌已烟消云散，恩克赫伊曾也已蜕变成一座宜居城市。

导航指引着我，一直驶入恩克赫伊曾。老实说，这一路上我并无太多期待，因为驶出高速后，是一段兜兜转转的小路，看起来相当偏僻。不过一个转弯之后，倒是迎来惊喜，眼前是一片开阔的停车场，没停几辆车。停车场面对着艾瑟尔湖——这个曾是北海一部分的大湖。

湛蓝的湖面与蓝天在远处相接，几艘船停靠在岸边。对我们而言，这算是小小的惊喜，想不到的是，更大的惊喜还在后面。

沿着停车场旁的一段沙土路前行，两分钟就能走到游客中心。从某种意义上来说，游客中心是恩克赫伊曾城的入口。一入城，就是恩克赫伊曾的港湾，长方形的港湾，三面种满树木，面向艾瑟尔湖。阳光洒在湖面上，一艘艘船只停靠在港湾内。有人坐在堤岸上，守着自家的船晒太阳，一副日子快乐赛神仙的模样。这样的风景再加上白色的船、绿色的树、蓝色的湖水与蓝色的天，简直是绝配。

绕着港湾溜达，老城与游客中心隔湾相对。老城中遍布灰墙红瓦的老房子，外表光鲜，年头却长，多是晚期哥特和文艺复兴风格，基本都是当年商人所建的豪宅。尤其是运河边上，几栋宅邸面河而立，院落里种满花木，房舍临河一面有拱廊，十分惬意。还有一个突出的半岛，绿草如茵，上有几户人家，有人在岸边长椅上享受日光浴。

小城里最漂亮的是一条沿运河的弧形街道，也就是主街。老房子极为精美，多半是餐厅和咖啡馆。运河边也停满了船只，见证着小城的富庶。柯克韦斯特教堂就在附近，这座哥特式教堂有 3 个正厅，内有精美木雕。

在晒太阳的荷兰人

这些街道与港湾，环绕着一片大草地，这也是小城里最大的绿地。绿地上那栋椭圆形的堡垒很有意思，它是恩克赫伊曾的地标。堡垒下方有一道城门，孩子们最爱从这里呼啸而过。

漫步城中，处处可见昔日富庶。在荷兰垄断海上贸易的时代，恩克赫伊曾依靠运输香料、武器和橡胶而繁荣，一度不亚于阿姆斯特丹。

不过，1625年后，恩克赫伊曾波折不断，尤其是瘟疫爆发后，人口锐减，导致港口萧条。自从阿夫鲁戴克大堤建成后，恩克赫伊曾更是失去了海港功能。

不过，恩克赫伊曾并未就此沉沦，而是逐渐转型为一个深受旅行者青睐的宜居城市。走在小城中，蓝天之下只有美好。

实际上，恩克赫伊曾的宜居十分难得。从先天条件来说，恩克赫伊曾简直是荷兰的缩影。它有90%的面积位于水下，在总共116平方千米的面积中，仅有12.4平方千米为可用地。也正因此，对于居民而言，停船要比停车更容易。但一代代恩克赫伊曾人经过不断的努力，终于让这座城市变得宜居。

从这一点来说，恩克赫伊曾堪称海洋与城市完美共存的典范。

荷兰恩克赫伊曾的椭圆形堡垒

## 23　别有风情的山顶小镇

你会如何选择与一座城市的初见？大多数情况下都是进城吧。在那慕尔，我相信你的选择一定是上山之后居高临下地眺望。

距离布鲁塞尔仅仅 60 千米的那慕尔，是比利时那慕尔省的首府。它坐落于默兹河与桑布尔河交汇处，是一座非常典型的比利时古城。一座座中世纪样式的房屋紧紧相依，组成一条条街道。在"颜值极高"的比利时，那慕尔的古朴街道远远算不上最美。反倒是在山顶上眺望，那密密麻麻的铁灰色屋顶规规整整，更具美感。

那慕尔的山顶很有意思，沿着盘山公路而上，能见到不少景致。比如半山有一座私人古堡，它并无院门，沙土路蜿蜒而上，白墙黑瓦，一派幽深。山顶处有一片平整的沙土广场，还有看台，除了普通台阶的看台之外，也有回廊庭院式的"豪华看台"，想必这里曾是城堡的跑马场。山顶还有一家酒店，石砌外墙古朴，装修豪华，门口鲜花雅致。另外这间餐厅还可俯瞰老城，可算是那慕尔当地最好的酒店。我们在途中还偶遇一座古朴宫殿，外观大气，灰瓦白窗，阁楼上的一个个小窗十分趣致，隐于密林之中，花园乃至入口道路都是沙土路，有隐居之感。如此规模的宫殿，当年必是贵族乃至国王的居所，只是不知如今作何用。

以上这一切都以城堡为中心。那慕尔城堡始建于 12 世纪，早期是用作军事目的的碉堡，是城市防御体系最重要的一部分。在盘山路上，碉堡耸立于路旁，和一道数十米高的石头拱桥相连，拱桥横跨道路，颇有气势。

比利时那慕尔古堡鸟瞰

这座城堡在冷兵器时代也是欧洲最坚固的堡垒之一，大有"一夫当关，万夫莫开"之势。因为战略地位重要，从中世纪直至两次世界大战，那慕尔都是兵家必争之地。

有城堡，自然有城墙。那慕尔城堡的城墙尚有遗址，沿山而立。如今，它当然不再与外界隔绝。一道当年的侧门，如今已无沉重大门，变成了一条出入隧道，通过吊桥与山坡相连，成为游人的必经之路。不过，我们在穿越这短短的隧道和吊桥时，听到背后居然有喇叭声，回头一看，原来是登山小火车。

如果不选择自驾到山顶再步行的游览方式，也可以从火车站乘坐摆渡车到城堡，再搭乘小火车游览城堡，这估计是最方便的游览方式。

在山坡上的草地坐下，眼前遍布小花，山下的那慕尔城尽收眼底。这座城市并非声名在外的热门旅游城市，但密密麻麻的建筑和街巷，与中世纪别无二致，透出难得的安逸。小城背靠山峦，默兹河在城中流淌，有桥连接着两岸。再往远处看，三面都是山坡与绿地，有民宅散落其间。这也是比利时随处可见的景致，真是羡煞我辈。

城中并无高楼大厦，制高点当数教堂。其中最大的是圣奥宾大教堂，这是比利时唯一一座晚期巴洛克风格的教堂，但其仍保留着原有的罗马式塔楼。绿色圆顶在整座城市的黑瓦屋顶中显得十分出挑。最高的要算圣卢普教堂的塔楼，这座始建于1610年的教堂，以巴洛克风格著称。

漫步城中，若无那些光鲜亮丽的店面，每一条街巷都仿若旧时模样。这是一座对行人极其友好的城市，你总能在角落里发现惊喜。

在旅途中，若是不走寻常路，常常可以遇见这种罕有游客的城市，也更能窥见当地人的生活。比利时宜居的一面，就藏在这些城市里。

## 24　只有450户的大城市

你知不知道世界上最小的城市在哪里？

要回答这个问题，首先得搞清楚"城市"的概念。在城市发展很早、城市化高度发达的欧洲，城市可谓星罗棋布。不过除了少数几个超级大都市之外，大多数欧洲城市都很小，人口和面积甚至比不上中国的一个县城。比如极其发达的德国，百万人口以上的城市仅有3个，大多数城市的人口都在8万到10万之间。

也正因此，许多中国人喜欢以"小镇"代指欧洲城市。比如网上常见的"最美的10个欧洲小镇"之类的帖子里提到的小镇基本都是城市。2018年作为《中餐厅2》取景地而成为网红地的科尔马，入围了诸多标题为"世界最美小镇"的网文推荐名单。但实际上，它是法国阿尔萨斯地区的第三大城市。

所以，别以为欧洲城市小就不叫它城市，在欧洲人看来，这也是如假包换的城市！比利时的Durbuy，译作迪尔比，号称世界上最小的城市。

这座城市有多小？步行一圈大概20分钟，跑到山顶上往下看，还不如我们很多地方的一个广场大，几十栋房舍密密麻麻，就构成了主城区，城堡和教堂则与之一街之隔。稍远处则有一些散落于小河旁与草地间的民宅，与主城区步行距离不过几分钟，但已是如假包换的郊区。至于人口，常住居民为450户。

城市虽小，可常年游人如织。尤其是5—10月的旅行旺季，小城周边的停车场总是停满了车，餐厅里总是坐满了人。

从山顶上远眺迪尔比城

这座山中小城之所以吸引游客，是因为它既有中世纪风情，又兼具自然景观，成了比利时人的度假之所。

前往迪尔比，有一段长长的林间公路，十分幽深，让人颇有探秘之感。去到迪尔比才知道，这座比利时南部小城原来正在阿登山区的山坳之中，四面环山，满山葱郁。

早在1331年，这座城市就已拥有城市自治权。眼前的石头小城，自1870年后就未曾改变过。被绿色山谷围绕的它，所有建筑都由石头建成，灰白色墙身配上灰瓦斜顶，颜色十分素淡，完全不同于布鲁日和安特卫普等大城市的华美和色调丰富。但也正是这素淡，与满山绿色相得益彰。鹅卵石小路、狭窄街巷和石头建造的老宅，共同营造着一种中世纪的景致。

停车场旁的街角老宅，不但房子是石造的，院墙也是石造的，院墙中间是一座拱形石门，没有铁门也没有木门，就这样敞开着任人"参观"。

停车场旁就是"火车站"——登山小火车的起点。来迪尔比，登山小火车是必选项目，一来可以途经全城，二来可以上山，看看杜柏当地的"农民"生活。

小火车沿着蜿蜒山路而上，两旁都是茂密树林，偶有几栋民宅。途经的城堡和教堂不大，但石灰瓦自带庄重之感。到了山顶，又是另一番天地。

这里的山头并不陡峭，顶部十分平坦，面积反而比迪尔比的"城区"大多了。整个山头绿草如茵，散落着一栋栋民宅。

这里的民宅与山下截然不同，因为都是近些年兴建的，外墙多为黄色、橘色和暗红色，比山下的房屋鲜艳得多。房子外观并不精致，是典型的"欧洲农民房"，但家家坐拥大花园和草地，甚至可以养马，这乡村生活实在惬意无比。

山顶还有一座钟楼，是迪尔比的制高点。居高临下，可见家家草地上都种有鲜花，有可供聚会、吃饭的桌椅，也有可供孩子嬉戏的小足球场，滑梯和吊床也是常备的游乐设施。在这片民宅与树林之间，有一片大草地，阳光下绿意盎然，有孩子在上面奔跑嬉闹，俨然世外桃源。

在钟楼上望向山下的迪尔比老城，更是赏心悦目。小巧的城市古朴精致，若是没有汽车，简直就是中世纪的模样。从旅行的角度而言，迪尔比没有什么名胜，但它确实接近天堂的样子。

# 文化的细节:

## 凡·高、《丁丁历险记》、蓝精灵、米菲兔与其他

从书本上,我们知道低地三国有诸多文化标志,如风车、郁金香与红灯区等。其实它们的真正名片,应当是凡·高、《丁丁历险记》、蓝精灵、米菲兔才对。让我们抛开以前的刻板印象,走入真实的荷兰、比利时和卢森堡。

# 1 国王墓地的隔壁是艺术家

提到荷兰代尔夫特，我们想到的第一个东西一定是蓝瓷。不过，代尔夫特可不仅仅有蓝瓷，它还是荷兰历史最悠久的城市之一。早在 1246 年，伯爵威廉二世就赋予代尔夫特城市自治权。在荷兰鼎盛时期，代尔夫特更是荷兰东印度公司在荷兰的 6 个办事处之一的所在地。也正是在那个时候，代尔夫特人从中国引入了青花瓷。

在我眼中，代尔夫特可算是荷兰最美的城市之一，也是最悠闲的城市之一，优哉游哉的人们享受着这里的古朴宁静。相比运河边，我更喜欢那些狭窄的内街，不同时代的建筑鳞次栉比，却又无比和谐，满是旧时风情。

市集广场是代尔夫特的中心，也是我眼中的荷兰最美的广场。市政厅立面斑驳，塔楼不高但敦实，一扇扇红色木窗给古朴的原石墙身增添了不少活力。广场两侧遍布的咖啡馆和餐厅，是当地人聚集之所。有意思的是，作为一座自行车当道的环保之城，我在城中见到的最密集的自行车停放点，竟然是在市政厅的石墙边上。在这里，荷兰民众的环保意识加上欧洲政府的平实，构成了一幅相当有趣的画面。

最值得探访的是广场上的新教堂和市政厅背后的旧教堂。其实新旧之分仅是相对而言，新教堂并非近年来的新建筑，而是 14 世纪的产物，旧教堂当然更古老，建于 13 世纪。

新教堂和旧教堂各自安葬了一位大人物。瘦削而挺拔的新教堂是代尔夫特的制高点，哥特式外观古朴简洁，109 米高的塔楼直入天际。被后世誉为荷兰国父的威廉一世就葬在这里。

很多人称威廉一世为荷兰首任国王，但这其实是个错误说法。因为这位荷兰国父终其一生，都只是荷兰执政而非国王。

荷兰代尔夫特街景

荷兰画家维米尔之墓

这位睿智开明的贵族，在尼德兰革命中放弃了自己的显贵身份、与西班牙王室的种种联系，加入尼德兰民众一方。他引领尼德兰人民取得独立，使得西班牙帝国在这片土地上遭遇挫败。尽管他无法亲眼见证后世荷兰的崛起与争夺海上霸权，但谁也无法否认他的功绩。

1584年，威廉一世在代尔夫特的一座修道院遭到暗杀。如今，这座修道院已成为博物馆，见证着尼德兰革命。

荷兰人将威廉一世葬于代尔夫特新教堂。当威廉一世的后人开始世袭荷兰王位之后，新教堂也成为荷兰王室成员的安息地。

相比之下，我更喜欢旧教堂，因为约翰内斯·维米尔安葬在这里。

旧教堂如今看来古朴，但造型在当时可算是相当前卫。有意思的是，站在教堂下仰望，很容易发现它的塔楼有些倾斜。之所以变成斜塔，是因为旧教堂建于运河的河床边，地基不够扎实。

走入教堂，白墙肃穆，斑驳的地面记录着历史，也记录着地下安息的人。

其中一块地砖，刻着维米尔的名字，还有"1632—1675"的字样。这位荷兰最伟大的画家，几乎一辈子没有离开过代尔夫特。他生前不为人知，没有大红大紫，也没有可堪为谈资的跌宕生活，只是默默继承着父亲的旅馆和卖画生意，窘迫地抚养着11个子女。他虽作品不多，但精雕细琢，一幅画要画上两三年。直至他去世200年后，才为世人所知。

这位不求名利、内心平静的画家，画作的主人翁多为代尔夫特的普通人，其中最著名的当然是《戴珍珠耳环的少女》，此外还有《倒牛奶的女仆》等作品。另外他也画过《代尔夫特的风景》，那时的代尔夫特还有城墙与城门，至于运河与小桥，与今日别无二致。

代尔夫特如今依旧安静。

## 2 红灯区不红：因为开放，所以尊重

荷兰治安差不差？这要看跟谁比。在西欧发达国家里，还真是相对差的。但跟有些国家比，那真是安定得很。有人可能要说了，不对啊，某些发展中国家犯罪率比荷兰还低呢。其实探讨治安问题，如果拿犯罪率说事儿，基本都是假内行。因为各国的犯罪率数字虽然摆在那里，可对犯罪的界定大不一样。打个比方，美国人在家里"吼"孩子几句，邻居可能立马就报警，可在中国，家长陪孩子写作业时"吼"孩子的咆哮声会在每个小区回荡。

荷兰也一样，据说荷兰最多的案件类型就是偷自行车，荷兰人酷爱骑行，结果就有那么一些人喜欢顺手牵羊。在荷兰，丢了自行车，只要报案马上就立案。

荷兰的犯罪率虽然高于周边的比利时和德国，但居然也有几座监狱因为长期没有犯人可关押而倒闭。有个数字更值得留意：荷兰的性犯罪率相当低，荷兰儿童从 6 岁便开始接受性教育，12 岁以上的青少年便可以合法发生性行为，但少女未婚先孕的比例是欧洲最低的。

之所以要留意这个数字，是因为荷兰的三大标志中有大名鼎鼎的红灯区。

目前，荷兰的大城市里都有红灯区存在，不过近年来也有城市彻底关闭了红灯区，如鹿特丹。阿姆斯特丹有荷兰最大最著名的红灯区，性工作者在此聚集从业，距今已有 800 多年历史。这片区域

位于运河附近，又在火车站和水坝广场之间，是绝对的黄金地段。每年，这里能创造过亿欧元的"产值"。当然还不算由此衍生的收益，比如旅游业。

去荷兰旅行，红灯区肯定是要见识一下的。这里虽然游客众多，人头攒动，但几乎全是来看热闹的。在这一片松散街区里，两侧都是性工作者们的"工作间"，设施简单，一般只有床、椅子和浴缸。靠路边是镶有白框的透明玻璃橱窗，大门可向外打开。门檐上则是标志性的几只小红灯泡，正应了红灯区之名。不过在当年，电灯还未发明，"红灯"是一支支的红色蜡烛。

也有人说，红灯区这个名字并非诞生于荷兰，而是诞生于18世纪的美国。一种说法是当时性工作者会将红色的灯放在窗前，借此吸引顾客。还有一种说法是"红灯"来自铁路工所持的红色灯笼，当他们光顾妓院时往往会将灯笼留在外面。不过性工作者们并不在意"红灯区"这个词的具体考证，她们喜欢红灯的原因很简单，因为灯光打在皮肤上会有迷离与催情的效果。

每逢入夜，性工作者们就会穿上性感衣着，摆出各种挑逗姿势，站在橱窗里招揽生意。一旦有客上门，性工作者们就会将之引入，然后拉上红色窗帘挡住橱窗。

红灯区最辉煌的时代当数17世纪。当时，荷兰贵为世界第一强国，号称"海上马车夫"。阿姆斯特丹、鹿特丹等大港成为世界贸易最重要的中转站，世界各地的海员和冒险家在此聚集，他们总得找点乐子。于是，这里遍布妓院、性表演场所和情趣用品店。

在荷兰政府宣布红灯区合法后，性产业也成为荷兰政府高度监管的产业，而且在每个环节都有明确规定。

　　首先，从业者必须年满 21 岁。当她决定要从事这一行后，就得去荷兰国家商务部填表注册为"独立工作者"。然后再去注册一个营业范围为"个人服务"的公司，最后就是去寻找一个橱窗。

　　红灯区里的橱窗分属不同的公司，有大有小，这些公司专门负责出租橱窗。从业者找到橱窗后，就可以开始工作。她们跟橱窗公司没有任何关系，纯粹是租客与出租方的关系。

　　根据阿姆斯特丹市政厅的规定，早上 6—8 点之间，橱窗不能营业。大多数橱窗都是上午 10 点开门，然后到次日凌晨 5 点关门，中间还分早晚班。早班每日租金在 150 欧元左右，晚班因为生意更好，所以租金为 200 欧元左右。

　　换言之，如果你拥有一个橱窗，每天能收 350 欧元的租金，一个月就是税前 1 万欧元出头，接近人民币 8 万元。如果拥有多个橱窗，那可真是赚翻了。

　　也许有人会按照固有思维，认为经营橱窗的都是些混黑道的，其实还真不是。大多数橱窗拥有者，其实都是特别好命的"躺赚"者。

　　说起这"躺赚"，必须大赞荷兰这个国家。荷兰的立国，本就是商人立国，是商业发达到一定程度后的产物。从它诞生开始，就以自由市场经济著称。它强调思想与经济的开放，也强调对私有财产的保护，在几百年间从未改变。所以，许多几百年前的妓院经营者，往往能够将手中的产业传到后代手中。后来，荷兰政府改革了橱窗营业执照制度，橱窗只能减少不能增加，使得橱窗的市场价值更高，那些从父辈手上继承橱窗的人就因此"躺赚"了。

　　当然，税是免不了的。荷兰法律规定，提供性服务者每完成一笔"交易"，需缴纳 19% 的交易税。性工作者还需按收入分级，缴纳个人所得税。

性工作者们既然可以持证上岗，依法纳税，当然也就享有荷兰的各种社会福利和保障，比如失业保险和退休金等。另外，性工作者们还有自己的工会组织，随时为她们发声。即使是许多人顾虑的身体卫生问题，荷兰政府也想得很周到，性工作者们可以使用红灯区的专门诊所进行匿名体检，她们的客户当然也可以使用。更重要的是，性工作者们可以在荷兰任何普通医院进行体检，不会受到任何歧视。

目前，阿姆斯特丹有 142 个登记的色情场所，有近 400 个"女郎橱窗"——以前，这个数字还是 500 个，但 2007 年，阿姆斯特丹政府开始改造红灯区，陆续关闭了百余个。

这其实是一场拉锯战。

没错，荷兰也许是世界上最开放的国家之一。它不仅是欧洲第一个允许合法吸食大麻、允许同性恋结婚的国家，它还拥有全世界最大的红灯区、最大的性博物馆和全球第一个性工作者工会。

但与此同时，它也是欧洲规矩最多的国家之一。它的高速公路严格限速，罚款额度也是西欧地区最高的。即使是在周六傍晚，街上仍可见交警开罚单，这在其他欧洲国家简直难以想象。

这个自古以来向海要地，在恶劣的自然环境中崛起的国家，除了以市场经济和尊重私有财产见长外，还深谙合作之道。毕竟，不管是繁荣商业，还是面对困境，全民合作才是关键。

也正因此，荷兰人热衷于制定规则和严格遵守规定，以求更好地合作。

阿姆斯特尔河景色

所以，开放的荷兰绝不是随意开放，准确地说，这是一个"共同制定开放规则并严格遵守"的国家。

如大麻合法化就是个例子。20世纪70年代，荷兰就对大麻采取了较为宽松的管制政策。政府允许持有执照的咖啡馆向成年人售卖小剂量大麻，本国人可在咖啡馆或私人住所吸食大麻。但大麻的销售有严格的规定，经政府授权的咖啡店数量有限，购买时需要登记，购买数量也有严格限制，以18克为上限。如果登记购买的大麻数量过多，政府人员就会上门调查，严重者会被强制拉去戒毒。同时，荷兰警方也会定期突击检查，一般场所是不能吸食大麻的。

这个做法并不是鼓励或支持毒品合法，其主要目的在于将大麻与非法渠道隔离，从而减少人们接触硬毒品的机会。目前，荷兰硬毒品的成瘾比例是欧盟平均水平的60%，因静脉注射感染艾滋的人数比例比欧盟平均水平低40%。美国调查性报道中心的调查显示，荷兰青少年使用过大麻的比率比欧美其他国家更低，15—24岁的荷兰青少年使用大麻的比率更是一年比一年低。

红灯区的设置也是出于同样的考虑。荷兰政府将该行业合法化，并不是为了纵容，而是为了更好地管理，令暗娼浮出水面，让国家能够有效保护从业者。

但近些年来，红灯区出现了一些变化，使得热衷定规矩的荷兰人开始思考新的规矩。

最大的变化在于，现在的性从业者已经很少有荷兰人，大多来自东欧的罗马尼亚、摩尔多瓦等国家。更严重的是，她们来路不正——一些东欧犯罪集团拐骗东欧女性，将之转手卖到荷兰红灯区。其中许多年纪很小，缺乏自我保护意识。

对此，荷兰人并非没有对策。从业者的 21 岁以上年龄限制就是针对这一问题制定的，在此之前，从业者的最低年龄为 18 岁。另外，针对流动性娼妓的问题，荷兰政府在全国范围内开设了登记处，进行统一管理和保护。

当然，最重要的手段还是限制红灯区。2007 年开始，阿姆斯特丹政府开始改造红灯区。当年 9 月，阿姆斯特丹政府出面买下红灯区内 18 栋建筑，将其改建为公寓或商用建筑。市政府为此拨款 1500 万欧元，希望可以减少色情场所，在这个历史街区丰富艺术场馆、酒店和餐厅等设施。

2008 年 12 月，阿姆斯特丹政府宣布了一项新的城市改造计划，包括关闭市中心一半数目的色情场所、情趣用品店和供应大麻的咖啡馆，旨在"打击有组织犯罪、重塑旅游城市新形象"。

时任市长说："我们意识到，红灯区的色情业已经不是小规模的行业了，大型的犯罪团伙也已经介入，他们从事人口走私、毒品走私、谋杀等犯罪行为。我们不禁止色情业，但我们要取缔其他违法活动，包括赌博、拉客、洗钱等。"

这个改造计划有赞有弹。有人支持改造计划，他们认为红灯区难免带来治安隐患，对居住在这一带的孩子也未必是好事。但也有许多人表示反对，这当中可不仅有橱窗的产权拥有者。许多反对者认为，一旦收窄甚至关闭红灯区，色情场所反而会向其他地方扩散，性工作者们也将失去政府对她们提供的医疗卫生帮助，性产业会呈现失序状态。还有许多人进而认为，这会让性交易转入地下，从而增加犯罪率。

2015 年 4 月 9 日，阿姆斯特丹约 200 名性工作者及她们的支持者走上街头示威，要求停止改造计划，以保障性工作者的饭碗。性工作者组织批评政府没有聆听业界声音，强行赶走性工作者。

这场拉锯战还在继续，但从荷兰政局走势和社会风气来说，开放仍然是主流声音。

在地理环境十分恶劣、人口密度又很大的条件下成为世界上最富裕的国家之一，荷兰靠的是什么？当然是以商立国的传统，以及一以贯之的开放。

也正因为开放，荷兰社会极具包容性。在这片土地上，你可以见到各种族裔和各种肤色，是全世界向往的移民天堂。对于少数群体，荷兰也极为包容。前几年曾出现一起歧视同性恋事件，荷兰的反应竟是举国为之代言，从政府高官到普通民众，从在校学生到家庭主妇，从足球俱乐部到传媒机构，都选择与同性手拉手上街的方式谴责歧视。

正因为包容，你还可以在红灯区见到年过花甲、在这里已经从业数十年的性工作者。

正因为包容，调查显示90%的荷兰人认为性工作者从事的是正当职业。

正因为包容，目前70%的性工作者都处于稳定的婚姻和恋爱关系中，另一半并未歧视她们的职业。

也正是因为包容和尊重，荷兰经济拥有更宽松的空间和更强大的创造力，这也是其强大的根源。就像性教育宜疏不宜堵一样，荷兰经济的奥秘同样是宜疏不宜堵。

## 3 雨果与菲安登

前文说过，在弹丸小国卢森堡驾车，是一种迥异于近邻荷兰的感受。后者永远是一望无际的平地，开上多日甚至会审美疲劳，多山的卢森堡则有着更多样的驾驶乐趣。

我从荷兰马斯特里赫特前往卢森堡的菲安登城堡，一路上便经历了不同的地貌。先是一段笔直而逐渐向上的道路，有无尽麦田、茂密树林，蓝天白云下散落着零星村落，是典型的西欧乡村景致。当导航显示距离目的地还有10余千米时，就进入了盘山公路。

这是一段十分狭窄的盘山公路，弯道多，直路短，而且全程都见不到阳光，头顶的密林将天空遮得严严实实。直到一个拐弯，菲安登城堡突然呈现眼前时，才豁然开朗。

菲安登是乌尔河谷中的一个城镇，靠近德国边界，居民仅有不到2000人。雨果曾数次在此客居，让小城有了难得的文艺气息。

小城最引人注目的当然是城堡，无论站在小城的哪个角落，抬头都可见到雄踞高处的城堡。城堡斜顶灰瓦，塔楼高耸，立于峭壁之上，当年也是易守难攻的所在。

这座小城的历史最早可以追溯到罗马时代，当时山顶就已建有要塞。目前所见的城堡建于11—14世纪之间，最早属于菲安登伯爵家族，1264年后转给卢森堡伯爵，1417年又转给拿骚家族，即后来的荷兰王室。不过拿骚家族成为荷兰王室后，一心向西发展，不再将这里当作行宫。1530年，这里开始被法国的奥兰治公国继承。

18 世纪时，城堡曾遭遇大火和地震，受损严重。1820 年，城堡被卖给一位当地香料商人。这位商人得到城堡后，将内部设施及砖石零星变卖，城堡也因此成为废墟。

1827 年，当时的菲安登伯爵购回城堡废墟，并计划修复，1830 年，比利时独立革命爆发，此事搁浅。1851 年，荷兰的亨利王子自费重建城堡的小教堂。1890 年，拿骚 - 威尔堡的阿道夫成为卢森堡大公，此后也对菲安登城堡进行过修复，但这次修复又被第一次世界大战打断。

直到 1977 年，卢森堡大公吉恩将城堡献给国家，大规模的修复工程重新启动，城堡才得以修复，成为我们如今见到的模样。

如今的菲安登小城，其实也被旧时城堡的外围城墙半围绕着。将车停好，就可以沿坡上行，直抵城堡。有意思的是，开车时眼见城堡在高处，可停好车后，仅需步行几分钟就能抵达，气势与距离真的不成正比。

*卢森堡菲安登城堡*

城堡尽可能复原为当年的格局与模样。城堡内部恍若迷宫，兜兜转转柳暗花明。比较有意思的是城堡里的厨房，各种锅碗瓢盆让人眼花缭乱。另外还有专门的铁架，用来挂厨具。不过，欧洲城堡的格局大同小异，无非是军事用途的堡垒。城堡里有大公的居所、办公室等，当然还少不了教堂。倒是从高处望下去，菲安登小城精致可喜。尤其是一栋距离稍偏的房舍，沿山坡而建，一条蜿蜒石阶伸向公路。因为整体呈梯形，内部格局相当有趣，它并未设立独立花园，反正整个山坡的草地都是自家乐园。如此有野趣的房舍，在欧洲很是寻常，可我们中国人看着只有眼馋的份。

人均 GDP 位列世界第一的卢森堡，向来以富庶著称，菲安登的居民也不例外，家家户户都有精巧的别墅和漂亮精致的花园。这个在山谷和密林怀抱中的小城，确实有世外桃源的样子。

卢森堡菲安登城堡一角

雨果的旧居就在小城的桥头，如今已开辟成博物馆。当年，雨果就是坐在那个靠近乌尔河的房间里，每日望向山顶的菲安登城堡废墟。

如今，这栋旧居焕然一新，早在1935年，也就是雨果去世50周年之际，它就被辟为博物馆。2002年，也就是雨果诞辰200周年之际，博物馆又进行了翻修。如今，博物馆里还藏有雨果的手稿和书信。

资料记载，雨果曾在1862年、1863年和1865年3次造访菲安登。1871年，他因反对当局屠杀巴黎公社社员而流亡，在菲安登客居过一段时间。

要注意的是，有人说雨果曾被流放至此，这显然是错的。流放是被动的，流亡是主动的，二者不可混淆。雨果前3次到访菲安登，都是在20年的流亡生涯期间——1851年，拿破仑发动政变，作为反对者的雨果选择流亡国外，直到1870年才重返巴黎。

1871年的客居，不但时间长，留下的印记也最多。博物馆的展品和说明告诉我们，雨果曾参与当地的救火，也曾与一名18岁的少女相恋，还经历了人生中的第一次拔牙。

对于在暴政面前以脚投票的雨果而言，菲安登是理想的避世之所。只是，那个年代的卢森堡曾一次次被不同种族统治，也并非真正的避世之所。时至今日，卢森堡人对自由的追求早已有了成果，这片土地富庶宜居，可以说是世界上最接近世外桃源的地方之一。而雨果，就是这座小城的象征。

## 4  根特音乐节：最好的音乐节

此路不通，此路又不通，此路还不通……

在我的旅途经历中，前往酒店之路从未如此艰难。导航一次次显示距离酒店还有几百米，可前路总是不通。

其实并非无路可走，只因为警察设置了路障。当我数不清次数地被迫绕道后，实在没办法，只得开窗求助警察。警察看着我递来的酒店地址，琢磨一下，直接用我的手机帮我设置了导航。

本以为这次可以顺利抵达，结果还是卡在了距离酒店200多米的一个路口。好在我再次选择绕路，误打误撞找到了酒店。算了下时间，这短短几百米，足足花了半个多小时。

向酒店前台诉苦时，对方告诉我们这段时间都是如此。但我们也很幸运，因为碰上了全城狂欢的音乐节。

这里是比利时的根特——联合国教科文组织评选的"世界六大音乐之都"之一。每年7月，音乐节和狂欢节在这座城市里相遇，我们适逢其会。

将行李丢进酒店房间后，我们立刻听从酒店前台的建议，沿着石板路步行前往老城中心——音乐节的主场。

小而美的比利时，即使在无一国不美的欧洲，"颜值"也可稳居前十。至于根特，仅仅是人潮中的初见，也足以让我将之列为比利时"颜值"第一的城市。

比利时根特音乐节的
一个分会场

　　说实话，除了法国巴黎那种"爆款"城市，我从未在欧洲城市里见过这么多人。但即使人流滚滚，站在圣米歇尔桥的桥头，眼前老城兼具柔美与古朴的气质仍让我感觉惊艳。

　　在比利时的"传统旅行四大件"中，布鲁塞尔、安特卫普和布鲁日都是欧洲难得一见的中世纪古城。但中世纪遗存仅仅是城市面貌的一部分，贵为欧盟首都的布鲁塞尔是现代之都，钻石城安特卫普是与米兰齐名的时尚之都，布鲁日则早已成为游客爆棚之地，满街都是不同肤色的游客。只有根特，仍然固执地守护着旧时样子乃至底蕴，你甚至很少看到中世纪之后的巴洛克式和文艺复兴式建筑。它也固执地安守着宁静。当然，眼下这半个月的狂欢除外。

　　每年7月，根特都会举办为期10天的音乐节。这个被联合国教科文组织列入"世界六大音乐之都"的城市，自有举办音乐节的底气。

　　其实，还有什么比音乐更自由呢？在《肖申克的救赎》里，一曲《费加罗的婚礼》就象征着自由，而在根特这个自由都市里，音乐本就无处不在。

这场狂欢没有放过老城的任何一个角落，如果你对现代城市的公共空间理念有所留意，那么根特就是一个极好的范本。曾有人说，公共空间概念决定了中西文化的差异，古代中国城市的核心是衙门，人们的依赖性更强，凡事都想找青天大老爷；欧洲城市的核心则是广场，提供了足够的表达和沟通空间，因此民众的独立性更强。根特也不例外，一座座教堂和钟楼，巧妙地将老城分割为一个个广场式空间。

若是平时，这种分割带来的就是"转角遇到惊喜"，而在音乐节期间，则是"转角遇到舞台"。音乐节并没有一个主场地，而是根据一个个公共空间的大小设置不同规格的舞台，每个街角、每块空地，你都能见到台上的歌手与台下的听众。所以，你大可漫步城中，随时停下享受音乐。根特的多元化传统在音乐节上也不例外，爵士乐和流行乐自然是主流，有时还能听到交响乐。

也是在这段时间，流经老城的运河上搭起了浮桥，桥上摆满桌椅乃至小舞台。人们手中自然少不了啤酒，比利时啤酒举世皆知，根特啤酒更是其中翘楚。中世纪时，这里曾有上百家啤酒作坊，啤酒行会也极具影响力。当地最知名的啤酒是一个 2009 年才成立的年轻品牌，其酒厂仍一直坚持不放啤酒花的老式制法。

走在街巷间，还可见到各种摊档，一路吃吃喝喝，看看各种手作，恍若回到中世纪。另外，连这里的糖都特别有意思，圆锥形的 Cuberdon 软糖为根特特有，外硬内软，口味多样，因为像鼻子，被称作鼻子糖。据说本是药剂师发明出来用作药物糖浆的，谁知却凝结成了糖。这种糖保质期不过两三周，因此在别处还吃不到。

兴奋的儿子与售卖鼻子糖的阿姨合影，又在街头随音乐跳舞。的确，在这狂欢气氛里，人很难保持矜持。

唯一让人不爽的，或许是街角偶尔传来的尿骚味。因为音乐节期间人太多，大家又灌多了啤酒，所以街头摆设了不少流动公厕，有点味道在所难免。可是，在这狂欢气氛下，谁又在乎呢？

# 5 汽车博物馆与博物馆中的三个细节

欧洲是汽车文明的发源地，探访汽车博物馆也成为许多人的旅行目标。位于德国斯图加特的奔驰博物馆、保时捷博物馆，位于德国慕尼黑的宝马博物馆，位于德国沃尔夫斯堡的大众汽车城，位于意大利马拉内罗的法拉利博物馆……它们依托各大汽车品牌，既展示车子，也展示历史，各擅胜场，也因此成为不可忽略的景点。

建一间汽车博物馆，不仅需要足够大的场地，展馆还需有设计感。展出的车自然是海量，其中既有百年老爷车，又有豪华跑车和赛车，日常维护也是天价。如果没有资金雄厚的汽车厂家为依托，支撑下来实在不易。

可是，有一间被许多人视为"世界最佳"的汽车博物馆，却偏偏不走寻常路——它竟然是一家私人汽车博物馆！

这间名为洛曼的汽车博物馆位于荷兰海牙附近，是世界上最大且最古老的私人汽车博物馆。网上有数据说，博物馆藏有 200 多辆汽车。我对此数据存疑，因为无论是目测还是根据照片整理，我都相信实际数字远超 200 辆。此外，博物馆里还有海量汽车周边产品，如不同年代的汽车广告等。

即使是走马观花顺着展厅走一圈，没有两三个小时也别想迈出大门口。更何况展出的车中珍品甚多，总有可流连处，在此消磨上大半天的时间也不为过。如我等市侩之人，更是一边溜达一边惊叹："这是私家汽车博物馆？这得花多少钱！"

　　其实有这样的想法很正常，连博物馆的拥有者——洛曼家族都曾公开表示：如果想以如今市价购买这些车，除非家里有印钞机日夜不停地印钱，否则别想买得起。我觉得还应该加上一条：不但买不起，很多车还买不着。要知道，博物馆内珍品甚多，如世界上最古老的汽车之一——1887 年诞生的迪翁巴顿和特雷帕多（De Dion-Bouton et Trépardoux）。还有 1895 年诞生的潘哈德勒瓦索尔（Panhard & Levassor），这辆车参加过比赛全程长达 1200 千米的"巴黎—波尔多"耐力赛并获胜，领先第 2 名整整 6 个小时。它们诞生后不久，便是风云变幻的 20 世纪，欧洲大地更成为两次世界大战的主战场，战争之后满目疮痍，曾经的世界文明中心只能在沉痛中追悔和反思，无数人类的文明成果和遗产毁于一旦，何况是车子这种本身就是消耗品的物件？如果不是有着一份持久的好运气，并适时被收藏、被珍视，它们又怎会留存至今？！

　　洛曼汽车博物馆的历史可以追溯到 1934 年——在第一次世界大战之后，第二次世界大战风雨欲来之前。它由美国建筑师迈克尔·格雷夫斯设计，建筑风格颇为现代，但又兼顾传统，俨然私人庄园。其实它也确实置身豪宅区，从海牙驾车而来，道路两旁常可见城堡或宫殿式的顶级豪宅，就像英剧里那样，道路两旁的林荫突然开了一个口子，一条小路向内延伸，远方是古典雅致的建筑。即便仅是在车子行进中的匆匆一瞥，也足够惊艳。据说，荷兰王室也住在这一带。

　　跟随路标指引走进博物馆，首先便是一条拥有超高拱形穹顶的长廊。长廊两侧也有展台，依我推测，应该是不定期展台。此时，所展示的居然全部是警车。

　　既然是警车，我自是兴趣不浓，打算快速走过，却发现这些警车居然全是保时捷！它们是 1962—1996 年期间的荷兰警车，共有 13 个型号，从 356 B Cabriolet 到 911 Targa，从敞篷车到越野车，从摩托车到跑车，让人眼花缭乱。

其实最早使用保时捷作为警车的是德国，因为保时捷跑车拥有更高的时速、更好的性能，在出警时效率相对更高。于是，荷兰警方从 1962 年开始效仿。他们先购买的是一辆 356 B Cabriolet，据说效果很好。于是，当年就订购了 12 辆敞篷车，渐渐组织起保时捷车队。驾驶保时捷的警员有专门制服，头戴白色头盔，身穿白色大衣，戴白色手套，老百姓称之为"白老鼠"。要想成为保时捷警员，必须 25 岁以上，已婚，最好有子女，必须有过硬的驾驶技术和身体素质，富于责任感。

毕竟是昂贵的保时捷，所以车队创立之初，也曾遭受荷兰民众的批评。但由于它们确实在治安中发挥了作用，批评声渐渐消失。巅峰时期，荷兰警方共拥有超过 500 辆保时捷。只是因为购置和维修保养费用过于昂贵，荷兰才于 1996 年停止购买保时捷。其实替代品也挺不错——奔驰 190E。

荷兰洛曼汽车博物馆展品

　　除了保时捷警车外，现场还展出了其他荷兰警车，比如路虎、奔驰和宝马。另外还有一款日本跑车——1968 年的丰田 2000GT。这款划时代车型于 1965 年在东京车展上亮相，1967 年量产，截至 1970 年，共生产 351 辆，其中便包括了 007 剧组曾使用过的两辆敞篷版。

　　长廊里还有一辆车不可不提，那便是雪铁龙的 DS19。其中 DS 取自法语的"deesse"一词，即女神。1955 年诞生的 DS 系列是雪铁龙的豪华车系列，其中 DS19 又是第一代车型。1955 年的巴黎车展上，DS19 亮相仅仅 15 分钟就获得了 743 份订单，当日总订单数更是达到 12000 份。如果你对这个诞生于 20 世纪 50 年代的数字没有概念，那我可以给你一个参照：在当今全球最大汽车销售市场中国，一款畅销豪华车的月均销量也达不到这一数字。

　　法国文学家和结构主义大师罗兰·巴特曾说，DS19 的外形犹如天使降落凡尘，又如哥特式教堂。

　　随后，我们走进展厅，这里的展品显然按年代划分。1775 年的葡萄牙马车，1750 年的中国轿子，同时还有一个马车作坊，堆满了各种器具。但这些都非汽车，真正意义的汽车展品从 1886 年的奔驰开始。那一年，奔驰生产出第一辆专利汽车，目前藏于德国慕尼黑国家博物馆，洛曼汽车博物馆收藏的这辆其实是同款，只是并非首辆。此外，还有 19 世纪 90 年代的小型卡车，外形酷似自行车的摩托车等。20 世纪早期的四轮车，轮子特大，造型各异，能留存到今日的自然都是珍品。且不说洛曼家族收藏的难度，单是日常维护，也花费巨大。

　　在 20 世纪最初 20 年的展品中，更可见到早期的摩托车、敞篷车，还有外形酷似如今婴儿车的四轮敞篷汽车，极是有趣。博物馆方也颇具童心，将各种玩具车也搬进展馆，如精巧的小马车、早期车模，甚至还有摇摇木马。世界上第一辆六缸四驱车也在展馆内，而且是独占一个阳光花房式的展厅。

一阵眼花缭乱的观展后，时间渐渐推移到 20 世纪 50 年代到 70 年代，那些圆头圆脑或方头方脑的车子开始亮相，大块头的越野车也混迹其中。

在这些展车中，随便挑出一辆都可算是珍品。作为一个对汽车知识和历史颇有了解的人，我几乎每走一步都是惊喜。

比如 1942 年的 Breguet Type A2、标致的 Type 126，1937 年的 Panhard&Levassor X77 汽车，等等。

古董无价，豪华车和跑车同样无价，洛曼汽车博物馆也展示了这些车。偌大一个展馆走下来，车子的豪气能把人吓晕。你能想到的顶级品牌和顶级车型，这里应有尽有，甚至还有各种一级方程式赛车。车子有多豪气，你可以尽情想象。

荷兰洛曼汽车博物馆的部分展品

有人列出了 5 辆最值得一看的赛车：捷豹 D 型运动跑车，曾在 1955 年、1956 年和 1957 年连续三年获得勒芒 24 小时耐力赛冠军；阿斯顿马丁"拉贡达"M45R 型 1935 款，曾在 1935 年获得勒芒 24 小时耐力赛冠军；英国 AC 汽车 1924 款特别运动型；世爵 C4 型 1922 款，曾在 1922 年英国布鲁克兰"双 12 小时"赛中以 119 千米 / 小时的速度打破尘封 15 年的纪录；雷诺 40CV 型 1922 款，曾在 1925 年获得蒙特卡洛拉力赛冠军，并打破纪录。

荷兰车手德·比尔福特的橙色保时捷赛车也在这里展出。1964 年 8 月 3 日，这位荷兰车手在德国纽伯格林赛道的练习赛中因事故受了重伤，送院后抢救无效去世，他曾参加过 8 个赛季的 F1 比赛，未曾赢过锦标赛冠军。

说起荷兰汽车，最著名的品牌当数世爵。这家历史超百年的豪车老厂始终特立独行，生产的跑车全部为手工打造。而它的命运也颇坎坷，1926 年宣布破产，2000 年重获新生，但 2014 年再度破产，2016 年 3 月又再度复活。

如今，每辆世爵的车主都可以完全按照自己的意愿定制所有配置和部件。在订购世爵跑车后，该车底盘上的编号也和车主对应。车主可以通过厂方提供的个人网页获得该车每一个重要部件的信息。在制造过程中，制造单随时更新，车主可以及时跟踪自己订购汽车的制造过程及维护历史，车主也可以根据自己的喜好随时更新配置。这种纯粹个性化的汽车生产服务，全球只有世爵提供。

如今，展馆里就有 15 辆世爵老爷车。对于一个 1926 年曾经破产，消失了 70 余年的品牌来说，这 15 辆老爷车当然价值连城！

许多豪车都与名人有关。比如荷兰伯恩哈德王子的法拉利，荷兰王室可算是穷奢极欲，伯恩哈德王子更是拥有豪车无数，不过人家倒也并非不学无术的二世。文学爱好者都知道，荷兰有位汉学家、翻译家、小说家高罗佩，他通晓15种语言，曾在多国担任外交官，但最大成就仍是汉学。他的侦探小说《大唐狄公案》成功塑造了"中国的福尔摩斯"，并被译成多种外文出版。20世纪40年代末，高罗佩先是将《武则天四大奇案》译为英文，又以狄仁杰为主角用英语创作了《铜钟案》。此书大获成功。于是，高罗佩又在20世纪50—60年代陆续创作了《迷宫案》《黄金案》《铁钉案》《四漆屏》《湖中案》等十几部中短篇小说。这些作品最终构成了高罗佩的"狄仁杰系列大全"——《狄公断案大观》，即我们常说的《大唐狄公案》。

这一系列作品还被翻译成法文与德文，从而在全世界范围内获得巨大成功。在诸多译本中，就有这位荷兰伯恩哈德王子的参与，《黄金案》的西班牙文版就出自其手。

更出名的则是"猫王"埃尔维斯·普雷斯利的座驾。"猫王"一生中购买过100多辆凯迪拉克，其中不乏量身定制的车型。他常常将凯迪拉克当成礼物送人，包括餐厅侍者、泊车小弟等，有一次他疯狂买了33辆凯迪拉克送给朋友、家人和一个在公共汽车站等车的陌生人。洛曼汽车博物馆里就有猫王的座驾，车身分别是橙色、黑色、蓝色和黄色，其中两辆是敞篷。丘吉尔的座驾也是馆内亮点之一，其中包括著名的林肯V12。

在洛曼汽车博物馆里，你可以见到世界上最古老的车子，见到不同时代的豪华车，见到各种划时代车型，见到各种在F1赛场上驰骋的经典赛车，它们的价值都已无可估量。但最让我动容的却是三个细节。

　　第一个细节是汽车海报展厅，这里陈列着数百幅汽车海报，宛若老电影，一幅幅都在讲述着人们对汽车的认知与梦想。在这些海报上，你可以见到早期的汽车生活，绅士、淑女将车子停在林荫下卿卿我我，在海边兜风，在一望无际的荒原大道上驶向远方；你可以见到人们对汽车未来的憧憬，让汽车飞越高楼甚至高山；你可以见到开着汽车打马球的创意；你可以见到早期的汽车赛场；你还可以见到奔驰、宝马、保时捷和阿斯顿马丁等大品牌的平面广告，个中创意，甚至连我们现在的广告都比不上。汽车改变人类，不仅仅在生活方式这一层面，还有艺术和视野。

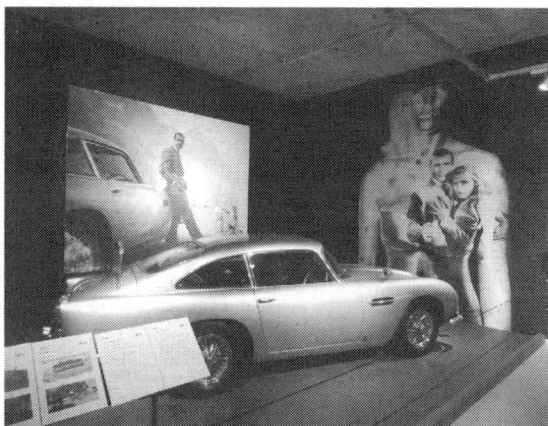

荷兰洛曼汽车博物馆
中的部分名车

第二个细节是一辆十分不起眼，甚至有些残破的小车——丰田AA。这款车诞生于 1936 年，是丰田汽车的起点。一个偶然机会，人们在俄罗斯西伯利亚的一个农户家里发现了这辆目前世界上唯一的丰田 AA，便将它带回了洛曼汽车博物馆。那满是灰尘的车窗，那巨大的三辐式方向盘，那五个古老的镀铬仪表，那把仍插在车上的点火钥匙，都诉说着昔日荣光。世代从事汽车进口生意的洛曼家族，早在 20 世纪 20 年代就意识到了汽车收藏的美妙，他们不惜代价，更不吝惜精力。没错，他们很有钱，但他们同样是有趣的人。

第三个细节是偌大的汽车餐厅。那是一个超高的场地，铺上了石板路，两侧都做成了欧洲小镇的模样，一栋栋童话般的建筑并肩而立。一间还原的早期汽车修理厂也在其中，还有早期的加油站。最有趣的是一间理发店，馆方是要告诉我们：理发店里也有车，那些让孩子们可以乖乖坐下来剪发的玩具车式座椅，早在百年前就已存在。

这才是汽车带给我们的历史与生活，我爱这样的生活。

# 6 已经忘怀的毒气战与《禁止化学武器公约》的签订

伊珀尔，这座位于比利时西南部的小城，美丽而宁静。城中那座欧洲最大也最美丽的哥特式建筑之一——布匹大厅，见证着伊珀尔在商业上的繁荣历史。布匹大厅二楼的法兰德斯战场博物馆记录着伊珀尔在世界军事史上的意义——它曾是第一次世界大战中最重要的战场之一，协约国军队与德军在这里进行过三场大战，最终将伊珀尔夷为平地。

第一次伊珀尔战役于 1914 年 10 月下旬打响。德军计划攻占伊珀尔，为占领沿海港口开辟通道。10 月 20 日至 10 月 25 日，德军发起正面突击，英军伤亡惨重，选择固守待援。10 月 25 日，法军增援英军左翼。此后双方互有胜负，即使德皇亲自指挥普鲁士近卫军参战，仍未能取得决定性突破。11 月 20 日，战役结束。此役，德军伤亡 13 万人，协约国军队损失 10 万余人。从此，西线战事从瑞士边境延绵至法国的加来海峡。

1915 年 4 月 22 日，德军发起第二次伊珀尔战役。当日 17 时起，德军向伊珀尔北部的英军连续释放 18 万千克（约 6000 罐）氯气，这是战争史上首次大规模使用化学武器，造成英军 1.5 万人中毒，5000 人死亡。英军阵地已有大片区域无人防守，但德军因年初在波兰战场尝试使用毒气时效果不佳，没料到这次如此成功，因此没能趁势继续进攻，随后英方援军赶到，德军错失战机。战事于 5 月 25 日结束，英军共损失 6 万人，法军损失 1 万人，德军伤亡

3.5 万人。

第三次伊珀尔战役于 1917 年 7 月底开始，英军计划攻击法兰德斯沿海的德军潜艇基地，以加速德军崩溃。7 月 22 日开始，英军集中 3000 多门火炮，发射了 450 万发炮弹，还释放了毒气。随后，英军向伊珀尔附近的德军展开猛攻，由法军配合。因为大雨使地面变为沼泽，德军又在前沿阵地构筑三面环水、易守难攻的碉堡群，协约国军队每前进一步都需付出重大代价。最终，英军仅向前推进了 8 千米，没有实现摧毁德军潜艇基地的目标。此役英军伤亡 30 万人，法军伤亡 8000 多人；德军损失约 27 万人。

在整个第一次世界大战中，英军在伊珀尔的死伤最为惨重，以至于时任英国国防部长的温斯顿于 1919 年 1 月建议，将伊珀尔废墟从比利时手上买过来，或请求比利时将它送给英国，以纪念阵亡的英国将士。他说："我希望，我们能获得伊珀尔废墟……对英国人民来说，在这个世界上再没有比这里更神圣的地方了。"

他当然没有如愿，但比利时人仍为英军建立了一座纪念碑。他们以昔日城门的废墟为基础，于 1927 年建成了梅南门。这座宛若凯旋门的庞大建筑，其实也是一座开放式纪念馆。在它的墙壁上，里里外外刻了 5.5 万名英联邦士兵的名字，他们都是失踪者，无法安葬，只有这里收留他们的灵魂。即使是 5.5 万这个庞大的数字，也远远不是失踪者的全部。每晚 8 点，附近的车辆会停止行驶，号手会吹响最后一班岗的号音。

宏大而美丽的布匹大厅，修建于 1200—1304 年，在第一次世界大战中与伊珀尔城一道毁于战火，1967 年重建完成。

布匹大厅及广场是整个伊珀尔市的中心，四周遍布美丽建筑，人们悠闲地在街上走过。无论是布匹大厅还是周边建筑，都是修旧如旧，在第一次世界大战后重建而成。与其他许多欧洲城市一样，人们在废墟上重建家园，并固执地寻回旧日照片、图纸等资料，将城市修成旧时模样。

法兰德斯战场博物馆就在布匹大厅二楼，场馆不大，但保留了大量影像资料和实物资料。它的地面便是一张巨大的第一次世界大战西线战场地图，最显眼的当然是"伊珀尔尖角"，它是第一次世界大战期间德军的必争之地，但因为英军的顽强，德军仅占据过此地一天。

在博物馆里，你可以见到落满灰尘的防毒面具和半人高的毒气罐。还有许多回忆性文字，比如一个德国士兵的记录："我们在毒气弹发出后，再也听不到任何声响。我们悄悄穿过法军的战线，在经过的 1000 米内，到处是敌军的尸体，空气中还能闻到刺鼻的味道。还有动物的尸体，死马、死兔子、死老鼠到处都是。有的士兵双手

*伊珀尔的纪念碑*

紧扣着喉咙，表情痛苦地死去，还有的士兵忍受不了毒气在身体内灼烧的痛苦，开枪自尽。"

这是人类历史上第一次大规模毒气战。其实，人类很早以前便知道利用有毒物质作为武器。16世纪以后，就有人开始研制化学武器。1654年，米兰人发明了一种能散发毒烟的火药，法国工程师随即将它装入手榴弹，制成毒气手榴弹。后来，出现一种爆炸后能释放毒烟的炮弹。但是，这些早期毒气弹杀伤力很小，只能小范围使用。1914年初，德国人哈伯提出了大规模毒气战即化学战的设想，马上便被德军高层采纳。经过几个月准备，实施化学战的钢瓶、液化装置、氯气从德国的钢铁厂、化工厂中生产出来。1915年4月5日，德国工兵部队开始在伊珀尔战场布置毒气钢瓶，20只钢瓶为一列，每千米阵地上布置50列。最终，他们在伊珀尔的8千米宽阵地前，布设了约6000只毒气钢瓶，在战争中共释放了18万千克氯气，对协约国军队制造了极大杀伤。

战后，协约国军队要求科学家尽快拿出反制办法，科学家们经过现场勘查，惊奇地发现活下来的只有野猪。因为猪闻到刺激气味时就会把鼻子拱进地里，松散的尘土颗粒吸附和过滤了毒气，让野猪们幸免于难。于是，科学家们便研制了防毒面具。直到现在，防毒面具中放置过滤物质的地方仍然像个猪鼻子。

两日后，德军和协约国军队又展开了一场毒气攻防战。一边是只能依靠风向吹送毒气，一旦风向改变就会玩火自焚的德军，另一边是仅拥有以纱布衬垫包裹经化学处理的废棉花制成的简易防毒面具，在毒气中仍然只能挣扎的协约国军队。毒气导致能见度极低，无法瞄准开枪，当德军随着毒气慢慢推进到联军阵地时，双方便只能进行白刃战。

在那之后，交战双方又各显神通。英军也开始生产毒气钢瓶和氯气并以此打击德军。后来双方又研制出了毒气弹，炮弹射入敌方阵地爆炸后才释放毒气，避免了施毒一方的引火自焚。紧跟着，因为防毒面具减轻了氯气的杀伤力，德国人又研制出不容易被发现的光气，以及腐蚀人体躯干的芥子气。芥子气又促进了防毒衣的出现。为了克制毒气防护，德国人还研制出能渗透进防毒面具的化学品……

整个第一次世界大战期间，双方使用了 45 种以上的毒气，共计11300 千克，中毒总人数达 130 多万人，死亡 9 万人。有鉴于此，1925 年，国际联盟在日内瓦签署协议，禁止在战争中使用化学及细菌性武器。

2015 年 4 月 21 日是人类历史上第一次大规模毒气战的百年纪念日，《禁止化学武器公约》的缔约国在伊珀尔举行了纪念活动。而就在前几天，某个西亚国家刚刚发生了以化学武器袭击平民的悲剧。

即使大多数国家都已加入《禁止化学武器公约》，但人类在化学武器的禁用上，仍有很长的路要走。

相比于小而精的法兰德斯战场博物馆，位于伊珀尔市郊的泰恩河摇篮公墓，更能见证战争的残酷。

严格来说，泰恩河摇篮公墓的所在地是佐内贝克——一个紧邻伊珀尔的小村镇。其实在伊珀尔一带，有着大量的士兵公墓，规模都不小，且各具特点。但如果只能择一而观，那么泰恩河摇篮公墓是首选。

这是世界上最大的英联邦公墓。11956 名士兵长眠于此，多半是当年帕斯尚尔血战的死难者。其中有 2/3 以上的墓碑并没有留下名字。

在第一次世界大战中，死难士兵超过千万，重伤者超过 2000 万。相比之下，安葬了近 1.2 万人的泰恩河摇篮公墓，即使已是最大公墓，仍显得渺小。但这个位于旷野之间的墓园，是一片绿意中的洁白，让人倍感神圣。

一排排的墓碑，大多没有留下名字，但同样摆满鲜花。碑林之间，草地有着盎然生气，孩子们在墓碑间穿梭，时而发出笑声，让人感到今日和平之不易。墓园深处，弧形的白色墙壁上还刻有 3.5 万名失踪者的名字。

其实，正是第一次世界大战开启了这样一个传统：镌刻普通士兵的名字，将他们安葬在军官身边，以此祭奠英灵。即使是没有留下名字的士兵，也有自己的墓碑。没有留下尸骨的失踪者，则会留下名字。

墓园的墓碑

　　开车离开伊珀尔时，途经附近一个村庄。有一户人家，住宅边上有大片草地，圈了一大片，养了几只羊驼。下车拍照时，它们用无辜的眼神看着我，甚是可爱。

　　这一带的村庄，随处可见散养的牛羊和马匹。这让我想到一个数字，在第一次世界大战期间，有近 50 万只牲畜战死沙场，尤以马匹和骡子为多。

　　乱世之中，人命如草，何况牲畜？而生在当下的羊驼与它们的主人——在宁静乡村住着大宅子的比利时农民，又是何等幸运！

# 7　不同于美国的现实超级英雄

晚年的戴高乐曾以嫉妒的口气回忆道："论生活的磨难与多变，只有一个人能与我相提并论。"

他说的是丘吉尔还是罗斯福？都不是，他眼中唯一的对手居然是个比利时人——丁丁。

比利时，一个面积比中国的海南岛还小的国家，GDP 总量一直位居全球前 30 位内，人均 GDP 更是跻身全球二十强。它的首都布鲁塞尔被称为"欧洲首都"，这里不但是欧盟和北约的总部，还是1400 家国际非政府组织和大型跨国公司的总部的所在地。雨果曾说，这座城市拥有世界上最美的广场。

古典与现代的碰撞，在这座城市里随处可见。当你在古老的石板路上漫步时，常常能在路旁的中世纪建筑墙上看到巨幅漫画。

这就是布鲁塞尔著名的漫画墙。1991 年，布鲁塞尔市政府提出建造漫画墙。他们利用大面积墙壁绘制漫画，与周边环境巧妙地融为一体。漫画中最著名的形象当然是蓝精灵和丁丁，它们都属于比利时。不经意间抬头，一幅丁丁、白雪和阿道克船长从楼梯上往下跑的巨幅漫画已出现在眼前。

在这里，你也能找到丁丁居住过的公寓原址，《七个水晶球》里的广场，《奥托卡王的权杖》里的五十周年纪念公园……

有人说，比利时最引以为傲的世界第一，其实是每平方千米拥有漫画家的数量。更值得骄傲的是丁丁，与他一样享誉全球的漫画形象很多，可脚步能够跟得上声誉，连足迹也踏遍全球的，唯有这位《丁丁历险记》的主角。

1929 年 1 月 10 日，《丁丁历险记》开始连载。迄今为止，《丁丁历险记》全球销量超过 2 亿本。有人曾这样开玩笑："在丁丁这个词'变污'之前，他一直是正直、机智、勇敢的化身。"

要看丁丁，漫画博物馆是一个最好的选择。的确，相比名气更大的乐器博物馆、马格利特博物馆和比利时皇家美术馆，相对偏离老城、居于内街的漫画博物馆似乎才是漫画迷的选择。

当你找到目的地时，这个漫画博物馆会告诉你比利时作为漫画之国的辉煌。这座原本是百货商店的建筑，如今收藏着 600 多位漫画家的作品。

漫画博物馆的丁丁半身像

这栋三层建筑中，首层有商店、塑像区和漫画知识展示区；二层介绍了比利时漫画史；第三层则展示作品。这之中当然少不了丁丁，一楼的火箭模型，就源于《丁丁历险记》中的《月球探险家》。埃尔热这位"丁丁之父"，也是二楼漫画史展馆里最重要的漫画家。

1907 年 5 月 22 日，乔治·雷米出生于布鲁塞尔一个中产家庭。因为童年的沉闷乏味，他笔下的丁丁一直也没有家庭。1924 年，他开始使用"埃尔热"这个笔名。1926 年，他在杂志上开始连载《冒失鬼巡逻队长托托尔》，该作被视为丁丁的前身。1928 年，他又在这个故事里添加了一个小狗角色，则是白雪的前身。

1929 年 1 月 10 日，《丁丁历险记》开始连载，埃尔热选择的平台是报纸《20 世纪》的少年副刊。

这是一份风格保守的右翼报纸。于是，丁丁的形象也就此定

埃尔热与丁丁

191

型：热爱和平、正直开朗、干干净净、烟酒不沾。也正因为风格保守，所以在《丁丁历险记》里，甚至没有女主角的存在。

当然，这并不是没有女主角的唯一原因。从诞生那天起，丁丁就承载着"政治任务"。作为漫画形象，它最主要的读者群体当然是孩子。在媒体人看来，如果一个孩子因为爱看漫画而养成阅读某份报纸的习惯，他将来也会持有与该报同样的政治立场。换言之，一个好的漫画形象，就是培育一个政党未来基石的工具。而在当时，政党乃至媒体眼中的"未来基石"仅仅是对两性意识仍然懵懂的男孩，因为当时女性并没有投票权。

丁丁诞生于比利时，源于欧洲的保守，除此之外还有艺术观念方面的原因。长期掌握西欧文化话语权的法国、英国和意大利将艺术局限于文学、绘画和音乐。至于漫画，那只是报纸上的边角碎料。即使是19世纪初就风行讽刺漫画的法国，人们骨子里也未将漫画放在眼里。这种保守思维，使得欧洲漫画家们纷纷寻找新的场所。于是，经济发达、交通便利且能为漫画家提供良好创作空间的比利时，就这样成为漫画王国。

有意思的是，在法语世界里掌握文化话语权的法国，最初引进《丁丁历险记》的刊物也是保守的青少年宗教刊物，名为《勇敢的心》。

其主编古尔特瓦神父在出版时遇上的难题，都与保守有关。其中一个难题是形式上的，当时的法国漫画遵循旧模式，文字与图画分离，十分呆板。埃尔热则选择美式连环画风格，图文合一。

更大的难题在于观念，古尔特瓦神父担心没有家庭、到处晃悠的丁丁无法得到法国父母的认可。

最终让步的是埃尔热。《勇敢的心》连载《丁丁历险记》的条件，就是埃尔热要同时在杂志上连载另一部名为《琼、杰德和雅格历险记》的作品。在后者中，主角小男孩琼有父母，还有妹妹和宠物猴。是的，这个四处探险的完整家庭显然更符合教徒们的信仰。

可这个故事让埃尔热苦不堪言，他对琼的家庭模式十分陌生乃至抗拒。所以，这个故事仅仅维持了 5 集便宣告结束。

值得一提的是，《丁丁历险记》系列里出现次数最多的地标玛林斯派克宫，其原型舍维尼城堡就在法国。即使在古堡云集的卢瓦尔河谷，这座舍维尼城堡的美丽也是数得着的。

## 8　用《丁丁历险记》撬动与他国的文化交流

几年前，《三联生活周刊》曾有过一篇关于《丁丁历险记》作者埃尔热的专稿，其中最有价值的点，就是"后探险时代"一说。

毫无疑问，让人类受益的近现代文明，源于大航海时代的开启。在此后很长一段时间里，对未知文明的探索为一代代欧洲人所热衷。尽管不一定每个人都能成为航海家，但每个人都能坐在家里阅读那些探险书籍。在 19 世纪中后期，随着儒勒·凡尔纳等人的作品的风行，火车和轮船的愈发普及，未知世界越来越少，人类早已不再满足于传统的地理探险，而是将目标瞄准了宇宙。

不过，这种心态并未维持太久。第一次世界大战的爆发使得欧洲人从美丽世界的幻象中醒来，开始关注现实，探险也被赋予了现实意义。正如《三联生活周刊》的专稿中所说的那样，人们开始"关心自己的国家如何分享 19 世纪地理探险所带来的现实利益，以何种方式在殖民地生活，读者的兴趣转向了海外记者的新闻报道和政治局势分析"。

有人这样记录："对比利时人而言，法国记者阿尔伯特·伦敦和约瑟夫·凯塞尔的名字几乎是神圣的。"而以新闻记者身份出现的丁丁，正是基于这一时代背景而被创造出来的。

丁丁的第一站是苏联，这毫不意外，因为当时，苏联在西方国家眼中是最神秘的，也是最重要的对手。埃尔热曾回忆："《丁丁在苏联》是一个时代的缩影，这是一场政治游戏。"

有意思的是，报纸《20 世纪》当年的营销也颇具新意。在《丁丁在苏联》推出的同时，报纸上还登了一则煞有介事的启事：本报一如既往追踪境外动态，故特遣本报最好的记者丁丁探访苏联，以飨读者。

《丁丁在苏联》的故事连载了一年，为了测试作品影响力，《20世纪》又在连载结束时刊登启事，自称丁丁将从苏联回国，并刊登了归国的下车地点和时间。当日，埃尔热带着化装成丁丁的少年一起出现在车站，发现外面已经围了数千粉丝。《丁丁在刚果》连载结束后，《20世纪》故技重施，布鲁塞尔的黑人也在车站组织了一场盛大的欢迎会。

这不仅仅是人们对丁丁和埃尔热的肯定，也是对新的探险方式的肯定。《丁丁历险记》不但继承了大航海时代的精神，还更重视观照现实。

漫画博物馆展出的《丁丁历险记》漫画与周边

当然，这种新的方式也带来了副作用，那就是曾被诟病的种族主义。尤其是《丁丁在刚果》，就曾因种族主义被指责。但如果回溯至埃尔热的年代，就会发现一切都是必然。那时，刚果是比利时的殖民地，富含矿产，恰恰是比利时人最关心的地方。

晚年埃尔热在反省自己的种族主义倾向时说道："内心深处的种族主义观念很难根除，需要很多智慧和意识，才能不囿于自己的短视、自己的传统，从而真正地理解。"

在最初几年里，埃尔热的创作并没有什么计划，也没有剧本。他对丁丁的目的地也缺乏足够的了解，这甚至招来诟病。比如《丁丁在刚果》，批评者就认为漫画中的刚果毫无刚果本土痕迹，仅仅是个大型野生动物出没之地而已。

转折发生在1934年，他在创作《蓝莲花》时认识了张充仁。张充仁与埃尔热同年出生，1931年来到比利时，在布鲁塞尔皇家美术学院学习雕塑。他向埃尔热介绍了当时在欧洲还十分神秘，且因义和团运动而被视为野蛮守旧的中国，同时还为埃尔热绘制了许多书中需要的细节。

正是在这部作品里，埃尔热刻画了西方人的自以为是，还有他们对中国的偏见。埃尔热也将张充仁画到了书中，成为丁丁的好友。张充仁也成为《丁丁历险记》里唯一有现实原型的人物，以至于法语世界里一度将所有中国人都简称为"张"。

《蓝莲花》大获成功，也使得《丁丁历险记》得以进入一向高傲的法国人的视野，最早连载《丁丁历险记》的法国刊物《勇敢的心》也因此而畅销。

埃尔热曾回忆，他在与张充仁的交往中了解了中国文化，同时也有了一种责任感。此后，他不再随意编造故事，而是在每次创作前仔细查找资料，了解丁丁将要探险之地的情况。他建立了自己的资料库，并分门别类，从汽车、航海、建筑到时装，以求细节准确。也正因此，他画得越来越慢，从最初的每年一部，到两年一部，再到三五年甚至七八年一部。

1953 年，丁丁登上月球，比现实中的人类登月早了 16 年。

与登月相似，尽管早在 1937 年，故事里的丁丁就已经前往英国黑岛历险，但《丁丁历险记》真正进入英国市场是在 1958 年。与法国人一样高傲且固执的英国人，在图书馆收藏时就拒绝了《丁丁历险记》，出版市场同样如此。虽然民间也有英译本流传，但翻译极差。直到 1958 年，有着英式严谨和考究的英文版才问世。至于以英国为背景的《黑岛》，更是在 1966 年才拥有英文版。此时的埃尔热愈发严谨，为了英文版选择重画此书，还派助手临摹了英国海滨场景以及各种交通指示牌、车号牌等，以求真实。

终于，《丁丁历险记》从相对狭窄的法语世界，转向更为广阔的英语世界。

漫画博物馆展出的《丁丁历险记月球篇》模型

## 9  隐藏在比利时人内心的超现实主义

在比利时布鲁塞尔的博物馆里，我最喜欢的是马格利特博物馆。

勒内·马格利特，这位比利时超现实主义大师蜚声艺术界，在设计界更是粉丝众多，堪称波普主义及现代商业平面设计的鼻祖。

动不动就有人以作品向其致敬，不过在中国，知道他的人并不多。若非在前往布鲁塞尔时做过攻略，我也不知其人，但当我踏入马格利特博物馆，便知此行值得，错过才是遗憾。

勒内·马格利特于 1898 年出生于比利时，父亲是裁缝，母亲是女帽售货员。他 10 岁时开始学画，12 岁时母亲自杀。后来，他曾就读于布鲁塞尔的比利时皇家美术学院，1918 年毕业后在墙纸工厂负责花纹设计。

1919 年，马格利特对未来主义和奥费立体主义产生了兴趣，开始尝试超现实主义风格。1922 年，他看到了契里柯的复制作品《爱之歌》后，便正式确定了自己的风格。

1926 年，他开始全职绘画，并于同年画成自己的第一幅超现实主义作品《迷失的骑师》，画中充满了"梦境还是现实"的不确定性。

1927 年，他在布鲁塞尔举行首次个人画展，但遭到大量侮辱性批评，于是他移居巴黎。此后 3 年，他创作力爆发，经典作品多在这一时期完成。

1930 年，因为厌倦了巴黎文艺界的纷乱，他又回到布鲁塞尔，潜心创作。晚年，他定居于布鲁塞尔，1967 年 8 月 15 日因胰腺癌病逝。

马格利特的艺术生涯并没有太大的风格变化，他只专注于奇幻构思，很少关注流行技法。直至今天，对马格利特的作品进行各种猜想，仍然是粉丝们乐此不疲之事。

20世纪60年代，马格利特的作品引发了世人的极大兴趣，更影响了多种艺术风格流派。那幅写有"你看到的不是烟斗"字样、名为《形象的叛逆》的烟斗画作，已成为超现实主义的一大标签，见诸各种书籍和教学资料。连米歇尔·福柯都为之吸引，于1968年写下著作《这不是一只烟斗》，从图形诗的角度解读马格利特的作品。

超现实主义的概念由法国诗人阿波利奈尔首创。他在谈到自己的超现实主义戏剧《蒂蕾西娅的乳房》时说："当人想要模仿行走时，却创造了完全不像腿的车轮。这样，他便不知不觉地做了超现实主义的事情。"

理论派会告诉你："超现实主义不满足于对社会现实采取简单的否定态度，他们在探求改变这种社会现实的过程中，重视对人的内心世界的挖掘和人的心理活动的研究，他们希望通过这种研究找到解决人生问题的钥匙。"这么说比较刻板，我更喜欢直观的感受，尤其是那种极具冲击力的想象，那种对生死、喜怒、现实与荒诞的体验，马格利特的作品就做到了这一点。

也只有在马格利特博物馆里，当如此之多的马格利特作品摆放在一起时，你才能触摸到他的创作喜好。比如他喜欢在同一个场景里改变些许细节，就变成多张相似但意味不同的画。比如有一幅画，高山上的红土地长出一堆枝叶般的羽毛，中间的果实是两只猫头鹰。而在另外几张画中，猫头鹰由正面变成了侧面。还有一张，场景由高山换成了海边，猫头鹰变成了飞鸟。又有一张，绿色羽毛中长出了一头巨鹰。

马格利特博物馆中的一幅
超现实主义画作

在天马行空般的创意中，让眼睛、鼻子等五官出现在山林间和天空之上，也是马格利特常常使用的错视手法。他的独特风格不限于此，与其他超现实主义画家不同，马格利特的肖像画从无真实肖像，更没有脸部，其中最著名的当然是那幅《戴礼帽的男人》。他拒绝了所有伪善与虚荣，只顾天马行空地创作。他甚至放弃了技法，而始终采用广告插画式的简单手法，成为同时代超现实主义画家中唯一拒绝技法的。正如他所说："我认为我们对宇宙是负有责任的，但这并不意味着我们决定一切。"

博物馆的魅力就在于作品集中展示与现场感。在其他地方，你无法见到如此之多的马格利特作品。许多并不知名的作品，让我惊奇。比如在一幅画中，一头狮子和一个旧沙发，还有一些乱七八糟的东西，杂乱地堆在一块陆地之上，飘浮于太空。在另一幅画中，天空中有一只硕大的飞鸟，鸟身由蓝天白云构成。

如果你也去过达利博物馆，就会发现同为超现实主义大师，达利作品与马格利特作品大为不同。马格利特作品的特别之处在于画面内容更为易懂，意象简单，元素多为日常生活中常见之物，比如房屋、森林和天空等。但这些常见元素组合在一起，往往会产生奇妙的效果。也正因为是常见元素的组合，因此产生的奇异之美也更具冲击力。

2009 年才正式开放的马格利特博物馆，成为我在布鲁塞尔流连最久的地方，同时也是我的博物馆之旅中购买明信片最多的地方。我非专业人士，也不敢妄言懂艺术，但马格利特着实让我见到了艺术的奇妙世界。

当然，还有这种奇妙幻想中的憧憬——马格利特曾说过："未来对我来说就是世界的终结，100 年后我的画有无价值与我并不相干，那时候它们可能只拥有历史的价值。问题在于，100 年后人们兴许会发现我早已发现的东西，却不再一样了。"

会吗？

## 10 《马拉之死》与欧洲文化的反思

站在《马拉之死》前，我惊喜万分，拉着儿子开始碎碎念："你知不知道？爸爸小时候见过这幅画，不过是在书上，而且是黑白的。你看你现在条件多好，直接来博物馆里看真迹！"

《马拉之死》是我童年时最熟悉的西方名画。之所以熟悉，是因为 20 世纪 80 年代资源依旧匮乏，可读的书不多。绘本基本没有，能买到的除了《三国演义》等古典白话小说，就是评书的单行本，如《说唐》和《杨家将》之类，外加一套《上下五千年》和《世界五千年》。即使如此，在小学生当中，我的阅读资源已算是相当不错的了。

几年下来，这些书简直被我翻烂了。6 本一套的《世界五千年》，几乎是我所有世界史知识的来源，而其中法国大革命的部分就以《马拉之死》为插图。

相比我年少时的资源贫瘠，儿子显然幸福得多，那年他才 7 岁，就已经是洲际旅行的"熟客"，并在比利时皇家美术馆里得见《马拉之死》的真迹。

位于布鲁塞尔的比利时皇家美术馆是比利时最重要的美术类博物馆，毗邻比利时王宫。比利时有辉煌而悠久的美术传统，中世纪的法兰德斯经济发达，城市兴盛，也诞生了鲁本斯等大师级人物，留下了众多杰作。

《马拉之死》

　　18世纪末，拿破仑军队占领了布鲁塞尔，将皇宫、教堂和修道院里的珍贵画作搜刮一空，并带回卢浮宫。不过，卢浮宫很快就因拿破仑的"战利品"太多而空间不足。1801年，拿破仑政府开始将一些艺术品分流至治下的其他城市，其中也包括布鲁塞尔。1798年，比利时皇家美术馆在如今的馆址开放，不过当时的建筑还相当粗陋。拿破仑政权垮台后，包括鲁本斯的祭坛画在内的众多名作终于得以回归比利时。比利时独立后，又掀起了名作回流潮。尤其是1842年，美术馆由市政所属变为国家所有，其地位变得更高，吸纳藏品也更多。到了1887年，展馆的全部设计与建造也终于完成，也就是如今的模样。因为主建筑仅有3层，所以美术馆一直向下发展，使得地下有8层之多。

　　如今的皇家美术馆，收藏着15—19世纪的大量名画，藏品过万幅，尤其是法兰德斯的魏登、布勒哲尔和鲁本斯等大师的杰作。此外，克诺谱夫和德尔维尔等19世纪末比利时象征主义画家的作品也极为丰富。

鲁本斯厅是皇家美术馆的重中之重，厅中摆满巨画。鲁本斯这位生于1577年，去世于1640年的法兰德斯画家，是早期巴洛克画派的代表人物，风格华丽，尤其是肖像画技巧完美。

在鲁本斯的作品中，宗教画所占比重极高。这也并非个例，几乎在每个欧洲古典美术馆中，宗教画都不少。酷爱宗教画的我，便可一次次流连，触摸画中故事。在展品中，既有传统宗教画，也有一些奇诡想象的宗教画。

要说镇馆之宝，当数被视为国宝的《叛逆天使的堕落》。这是老彼得·勃鲁盖尔的作品，这位被严重低估的绘画大师，被誉为"17世纪尼德兰绘画的开拓者""法兰德斯绘画三大巨匠之一"。古朴率真的画风宛若清流，迥异于人们熟悉的巴洛克和洛可可等风格。在他的作品中，农民场景和风景画主题最为常见，巨幅的写实画作，确实让人耳目一新。不过那幅《叛逆天使的堕落》，仍然是宗教画，主角是大天使米歇勒，正在斩杀叛逆天使。

《叛逆天使的堕落》

还得说回我最熟悉的《马拉之死》，它出自法国新古典主义画派奠基人雅克·路易·大卫之手。

1793 年 7 月 13 日，法国大革命激进派的代表人物保尔·马拉遇刺身亡。7 月 14 日，法国召开国民大会，宣布这是保皇党的阴谋，并加以谴责。一位名叫希罗的代表呼吁画家雅克·路易·大卫拿起画笔为马拉报仇，时为国民大会议员和人民教育委员会委员的大卫接受了这一任务。他观摩事件现场，还将刺客留下的匕首和马拉死去的浴盆搬回画室，作为创作依据。

在画作中，马拉倒在浴缸中，鲜血从胸口流出，带血的匕首落在地上。马拉左手拿着刺客的信，右手握着笔，旁边木箱上有墨水瓶和纸。

马拉身上的伤口如同十字架上耶稣的伤口，整幅画充满悲凉的美感和宗教意味。占据画面一半的暗淡背景，给人一种压抑感，也突出了马拉的肤色、木箱的黄色、毛毯的绿色以及纸张的白色。

尽管法国大革命有许多阴暗面，激进派的所作所为也在此后的历史中受到质疑，但大革命仍然是人类文明史上的光辉。而《马拉之死》也是不朽的画史杰作。我只能感慨，相比童年时在《世界五千年》中看到的模糊黑白照片，真迹的冲击力实在太强烈了。

与众多欧洲大牌美术馆一样，比利时皇家美术馆的展品摆放本身就是一门艺术。在空旷的展馆内，不时有一两件雕塑艺术作品，将二维平面与三维空间有机结合，形成空间上的错视。仅仅是这布局，就体现了审美上的大学问。

在美术馆里"晃悠"了几个小时，走出展馆时，眼前浮现的仍是古朴的街道。比利时这个弹丸小国，有着悠久而丰富的艺术传统，也有着极佳的博物馆体验。皇家美术馆的"皇家"二字并非空言，比利时王室一直在资金上扶持皇家美术馆，让艺术成为布鲁塞尔的生命，也让每个来到布鲁塞尔的人都能接触到艺术。

对于欧洲各国王室而言，这都是极寻常的做法，却足以让我们慨叹深思。

# 11　乐器博物馆之乐

　　说来也好笑，我对布鲁塞尔乐器博物馆的最深印象，居然是天台上的餐厅！只因行前查阅各路攻略，总有人推荐这家餐厅。其实，我去了才知道餐厅只提供自助餐，虽然相当丰盛，但不算有特色。只是餐厅内有白色拱形天花板，极具童话色彩，餐厅外又可一览布鲁塞尔老城风光，所以这里才变成布鲁塞尔最热门的餐厅。

　　乐器博物馆所在的这座建筑并不算高，天台能成为一览老城风光之地，一方面是因为布鲁塞尔与欧洲众多古城一样，天际线被教堂所把持，另一方面则是因为乐器博物馆位于艺术山，地势相对较高。

　　其实，所谓"艺术山"，也只是个山坡而已。不过就在这个山坡上，比利时王宫、皇家美术馆、马格利特博物馆和乐器博物馆一起构成了布鲁塞尔的博物馆群，成了博物馆控的必"打卡"之地。

　　外观兼具新古典主义和新艺术风格的乐器博物馆，是世界上最重要的乐器博物馆之一，从1877年开始收集各类乐器，目前已有8000多件藏品，一些展品已有300多年的历史。

　　博物馆最初并不在这里，而是在王宫旁。眼前这栋建筑，原先是一家1899年建成并开业的英国百货公司，落成时就以建筑之美而著称。

　　由于藏品越来越多，老博物馆不堪重负。2000年，博物馆搬至新址，其中展厅占据了4层楼的空间：一层是机械原理与电子合成区；二层是传统乐器区，中国的笙箫和编钟等就在这一层展出；三层是西方音乐艺术区；四层是弦乐与键盘乐器区。

乐器博物馆中的
一架彩绘钢琴

如此之多的乐器，虽来自不同时期，但在小小的博物馆里构成了一部乐器史。每个展柜不但有实物，还有配图和说明，租借的语音导览里更有详细介绍。一些展品上方还挂着相应的大幅油画，体现其演奏场景和时代生活。

最难得的是，语音导览还有模拟声，你若靠近一件乐器，就可听到该乐器奏响的声音。这使得原本沉默的乐器藏品变得灵动起来。

对于布鲁塞尔人来说，音乐博物馆所承载的功能并不局限于收藏与展览，每年的各种音乐会、研讨会和主题展览，它都承载着教育功能。

这就是博物馆的传承。欧洲有着悠久的博物馆传统，早已不是简单的收藏，而是代表着时代记忆与审美趣味。乐器博物馆也一样，从 19 世纪末开始，欧洲音乐家们开始收藏乐器，相关博物馆也随之兴起。每件乐器的时代记忆、历史价值、工艺技术和美学，就这样一一呈现。人类文明之美，也就这样一一呈现。

## 12　凡·高，阿姆斯特丹的灵魂

第一次去阿姆斯特丹，出于逛博物馆的考量，我将酒店订在了博物馆区一带。谁知酒店旁没有电车站，每次出门要搭乘电车，都得花十几分钟走到博物馆广场前才行。结果，几天时间里，我在这段路上反复走了 N 次，这一带也就成了我最熟悉的地方。

每次经过博物馆广场，我都只有一个感受：人好多！荷兰人口密度本就排名世界前列，阿姆斯特丹的人口密度更高，除了水坝广场一带，这里也许就是阿姆斯特丹人最多的地方了。尤其是那个大喷泉四周，永远坐满了人，大草地上也密密麻麻都是人。

直面广场的阿姆斯特丹国立博物馆当然值得流连，它藏有伦勃朗的《夜巡》《犹太新娘》《工商布会的稽查宫》和《自画像》，另外还有维米尔的《厨娘》和《小街》。这个开放于 1885 年、位列世界十大博物馆的建筑，也是欧洲第一座纯粹用于博物馆展览的建筑。

不过，广场侧面的那栋建筑显然人气更高，门前总是排着长队。建筑外立面挂着一幅大大的自画像，它出自凡·高之手。

凡·高博物馆外景

没错，这栋建筑就是凡·高博物馆。尽管凡·高在阿姆斯特丹待的时间很短，但阿姆斯特丹是凡·高作品最集中的地方。凡·高博物馆最初的主体建筑并不大，是按照每年6万名参观者的规模设计的。但近年来参观者众多，每年已超过百万人次。所以在日本某公司资助下，日本建筑师黑川纪章设计了新的展厅。

文森特·凡·高，1853年3月30日出生于荷兰的津德尔特。四年后，他的弟弟，也是他一生唯一的朋友，提奥·凡·高出生。

从小孤僻的他，6岁就被送入公立学校，但因学校环境不佳，愈发叛逆，两年后就退学了。他成长于牧师家庭，母亲只允许他与所谓的上流社会交往，"同下层阶级打交道则意味着将自己暴露在各种诱惑之下"。结果凡·高11岁之前都很少外出，以至于完全无法适应社会，频频转学。

成年后，凡·高也曾做过公司职员，但因引荐他入公司的叔叔病退，上司顺势抹黑早已看不顺眼的凡·高，使之陷入流言之中，这也使得凡·高被家族视为耻辱。后来在他外调伦敦期间，又因英语不佳而在家中自闭。

在这种艰难生存的状态下，唯有画画能让他寻得心灵安居的空间。最初，凡·高受荷兰传统绘画的启蒙，在英国期间则接触到英式画法，只是他并不喜欢。

直到1883年，他才开始画油画。在那前后，他曾辗转于阿姆斯特丹和安特卫普，也曾就读于如今赫赫有名的比利时安特卫普皇家美术学院。另外还曾两赴巴黎，结识塞尚等人。他的画风受法国艺术影响，色彩愈发明亮。

1888年，凡·高来到普罗旺斯的小城阿尔勒定居，在这里他终于找到了属于自己的绘画风格。也是在这里，他因失望自责割去了自己的一块耳朵。次年，他入住同样位于普罗旺斯的圣雷米疗养院，使得这座小镇如今成为凡·高迷必去之地。1890 年 7 月，他在病中开枪自杀，年仅 37 岁。

生前只卖出过一幅画的凡·高，去世后却成为世界的宠儿。他在短短一生中留下了 864 张油画、1037 张素描和 150 张水彩画。其中，有 35 幅他最喜欢画的自画像，11 幅向日葵。

在博物馆里，到处都可以见到凡·高的作品，还有他的书信等旧物。其中，画作有 200 幅，素描作品有数百件。《十五朵向日葵》《黄房子》和《吃土豆的人》等名作都展于此馆。

尽管凡·高的母亲从小就不允许他与底层来往，也一度造成了凡·高的自闭，但在凡·高的作品中，总能见到悲悯情怀。如《吃土豆的人》便是如此，在这幅画中，有低矮房间、狭小餐桌和昏暗油灯，每个人都一脸沧桑，并伸手抓起盘子里的土豆。

最可贵的是，凡·高对于土豆、向日葵、麦田、豌豆花等泥土气息十足的事物十分喜爱。从早期画作开始，凡·高就热衷于画质朴的风景和静物。他的画色彩热情而富有感染力，奔放夸张，但与"华丽"二字绝缘，反而显得朴素隽永。

向日葵、星空和杏花枝这三大意象，最为人们所熟知。可惜的是，11 幅向日葵画作中仅有一幅藏于凡·高博物馆，最美丽的画作"星空"也在美国，倒是杏花枝的画作，在凡·高博物馆中比比皆是。

博物馆里总是人头攒动，连一楼的纪念品商店也挤满了人，人们总会挑选几张明信片带走。因为明信片上都是凡·高的画作，最畅销的总是名画的那几张，比如自画像和向日葵。相比明信片的廉价，凡·高真迹早已是天价。1888年，他的《向日葵》标价500法郎，大概相当于100美元，到了1987年，它已经拍出近4000万美元的高价。

就像凡·高给弟弟提奥的信中所写的那样："如果我的画卖不动，我也没有任何办法。但那一天终将到来。人们会认识到这些画要比我花在上面的颜料、我困顿的生计，更有价值。"

有心人会对凡·高博物馆里的信件很感兴趣，那都是凡·高与弟弟提奥之间的信件。

1881年到1890年间，提奥在巴黎经营画店，其间卖出了1000多幅画作，可以说是印象派画作的主要推动者。他曾卖出莫奈的70幅作品，也卖出不少高更和毕沙罗的作品。

连我眼前的凡·高博物馆，都是提奥的儿子文森特于20世纪70年代建造的。

比凡·高小4岁的提奥，是凡·高最亲密的人。正是提奥对凡·高的建议，使之坚定地走上绘画之路，也正是提奥对凡·高的照顾，才使得凡·高可以在短暂一生中留下如此之多的璀璨画作。

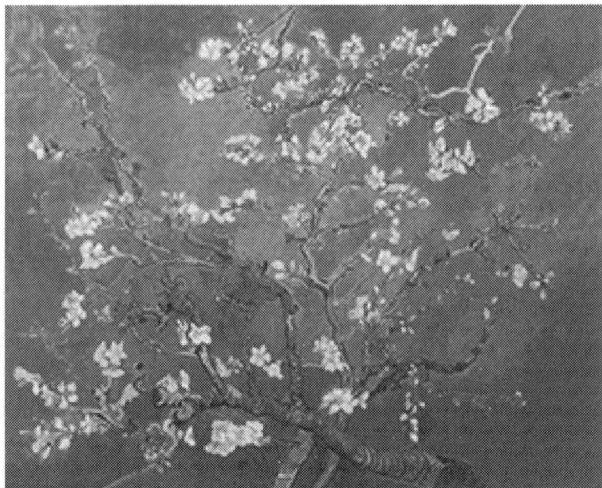

凡·高《杏花》

据考证，凡·高第一次给提奥写信是在 1872 年，当时他 19 岁。最后一封信写于 1890 年自杀时，信上还留有斑斑血迹。

在这 18 年间，凡·高至少给提奥写过 900 封信，其中有不少是八页十页的长信。凡·高甚至将这些信件当成了日记，记录自己的人生，还有对各种事物的看法。若无这些信件，后人很难探知凡·高的内心世界。

提奥是他唯一的倾听者，凡·高曾写道："事实上，除了你，我没有别的真正朋友，当我情绪不好时，总是想到你。我只希望你也能在这里。这样我们就可以再度一起到田野里散步……我又要把钱都支付殆尽了——房东、颜料店、面包商、食品店、鞋匠，天知道还有什么，最后只剩下一丁点儿。最糟糕的是，在度过许多雷同的一个星期又一个星期之后，人时常会觉得精力耗尽，一种疲乏的感觉把人都给压垮了。今天我干活很少，却突然被一种深深的失望压倒了，可我又无法将其确切地表述出来。正是在这种时刻，一个人往往希望自己是铁打的，讨厌仅仅只是一副血肉之躯。今天一大早，我已经给你写过一封信，但等我刚刚把它寄走，突然间，我的所有麻烦好像都向我扑来。我的麻烦像是没完没了，因为我再也无法看清楚未来。我不能把它抛到一边。我不明白，我为什么在事业上总是打败仗。我全身心投入进去，如今看来这却是一个错误，至少有的时候是这样。可是，老弟，你知道在实践中、在真实的生活中，一个人应该把力量、生活和精神倾注到何处呢？一个人必须承受风险。即是说，我要做确定了的事情，看它完成。有时会证明这是错的，因为如果旁人对之毫不关心，一个人就会陷入难以摆脱的困境。但是，一个人到底是需要关心，还是不需要关心呢？我认为一个人应该不必对此感到苦恼。可有时情况又变得太糟，这样，一个人就不能不感到悲哀，哪怕他仍有别的希望。"

凡·高终于没有坚持下去，他选择了自杀。提奥悲痛欲绝，身体迅速垮掉，6个月后也告别人世，两兄弟被葬在同一块墓地里。

凡·高的不幸，在于当时几乎没有人能懂他的艺术，也几乎没有人能懂得他的内心世界。但他的幸运在于，唯一懂他的提奥始终陪伴着他。对于大多数寂寞的艺术家而言，这几乎是奢望。

凡·高博物馆附近的喷泉广场

即使今天，世间懂得凡·高的人也不多吧。无数人能够在画作中汲取养分，却无法走入凡·高的内心世界。不过可以确定的是，尽管凡·高生前与阿姆斯特丹交集不多，但这座自由奔放的城市，与凡·高的恣意挥洒无比契合。唯一不同的是，凡·高的浓烈色彩下是骨子里的灰暗，而眼前的阿姆斯特丹，蓝天白云下满是青春与欢快。

## 13　米菲兔：嘴是 × 的兔子

有这样一只兔子，样子平平无奇，最大特征是有一个"×"形的嘴巴。不过，它的故事已被翻译成 50 多种语言，全球发行近亿册。更重要的是，它的形象使用权在全球范围内销售，涵盖多个行业。一年光靠"卖脸"就能赚上 1.5 亿欧元，折合人民币 12 亿元，绝对是世界上最会赚钱的兔子。

2000 年，正是这只兔子诞生的第 45 年。它的粉丝呼吁要让它成为"世界上收到最多生日贺卡的卡通人物"。于是，3.8 万张生日贺卡从世界各地寄往它的家乡——荷兰的乌得勒支，同时这个数字也入选了吉尼斯世界纪录。2005 年是它 50 岁生日，它又收到 3.96 万张贺卡，再创新纪录。

它就是米菲兔。米菲兔的故事便发生在乌得勒支。

乌得勒支是荷兰最古老的城市之一，罗马帝国于公元 48 年在这里建城。老城与大多数荷兰城市一样，以运河为脉络，以老建筑为肌理。另外它也是一座艺术之城，拥有众多博物馆。中央博物馆有着众多应用艺术作品，大教堂附近有一座音乐盒博物馆，欧洲唯一的原始艺术博物馆也在这里。因为当年荷兰殖民的缘故，它还有一座马鲁古博物馆，对印度尼西亚东部马鲁古群岛摩鹿加文化遗产的研究比印度尼西亚本土还要强得多。1927 年成立的铁路博物馆，展出有 60 多台蒸汽机车，讲述着荷兰铁路的历史。

不过，对于游客来说，第一站也许总是米菲兔博物馆。

米菲兔博物馆的一角

　　严格来说，米菲兔博物馆的名字应该是迪克·布鲁纳博物馆。这里的迪克·布鲁纳是米菲兔的作者。1927 年，他出生于乌得勒支的一个富裕家庭。他的祖父和父亲都是当地富商，经营着荷兰最大的出版社。作为家中长子，迪克·布鲁纳自然被视为首选继承人。因此，家里将他送到伦敦和巴黎留学，以接受最好的教育，同时接触图书销售和出版的专业知识，希望他可以继承家族产业。

　　可是，迪克·布鲁纳根本不喜欢做生意，也不喜欢出版行业，他最喜欢的是画画。如果放在今天，大家一定会说他"如果不好好画画，他就要回家继承亿万资产了"。

　　在伦敦和巴黎留学时，他对出版行业的专业课没有兴趣，终日只是流连于博物馆和美术馆。第二次世界大战期间，他被迫中断学业，回到荷兰。尽管战火喧天，他也悠然自得。而且，因为战时生意萧条，他也无须参与家族生意。在此期间，家里人也不再逼他接管家族生意，使他可以潜心画画。1951 年，他得以前往阿姆斯特丹学习绘画，并做起了插画师。

　　1955 年，儿子玩兔子玩偶的场面让他想起了自己曾经养过的兔子，于是便顺手画了一只兔子形象。从此，米菲兔这个风靡全球的漫画形象正式诞生。一开始，迪克·布鲁纳并没有刻意设定米菲兔的性别，直到 1970 年，在米菲兔系列的第 6 册绘本《米菲的生日》中，他首次给米菲穿上了花裙子，从而确定了米菲的女生身份。

米菲兔的线条非常简单，颜色也只用到了红色、黄色、蓝色和绿色，十分清新简洁。迪克·布鲁纳曾说过："橙色是红色加黄色，紫色是蓝色加红色，这些颜色不够直接，我不喜欢。我要画最简单的画，颜色也是，必须简单直接。"

在米菲兔诞生后的半个世纪里，迪克·布鲁纳始终坚持这种朴实的创作风格，哪怕是节日和重大纪念日，他也不会让米菲兔换装。仅仅依靠铅笔，迪克画了几十年，他对米菲兔的创作信条就是"简单点，让一切都变得简单点"。

2006 年，也就是米菲兔诞生 50 周年，乌得勒支的米菲兔博物馆正式开馆。这个只有两层的博物馆与一般的博物馆有很大不同，除了一楼的一个小展厅里展示了迪克·布鲁纳的一些手稿和不同版本的《米菲兔》之外，并没有太多展品。换句话说，这里更像一个米菲兔主题游乐园。

它有大量互动区域，比如让孩子认识空间和形状的积木区，让孩子认识交通工具和交通规则的交通区，还有提供蜡笔、白纸、剪刀等工具的涂鸦区。而其中最受欢迎的则是一个名叫"米菲之家"的空间。它按照现代家庭格局来设计，一楼是客厅和厨房，二楼是卧室和卫生间，孩子们在里面过家家，简直个个都不想出来。

为什么米菲兔博物馆变成了一个游乐园？因为相比一般博物馆的庄重，迪克·布鲁纳更喜欢简单的快乐。

　　他沉浸在这种简单的快乐里，生活同样极简。从 20 世纪 50 年代到 2011 年，他每周都工作 7 天，每天早上 5：00 起床，以妻子的日常琐事为题材，为妻子画一幅画。吃过早餐后，他就骑自行车到工作室画画。中午回家吃饭，下午回工作室处理一些行政事务。到 2011 年，他无法握笔之时才宣布退休。他生在富豪家庭，视金钱如粪土。一辈子没为生计发过愁的他，安享着自己的童话世界。甚至当有人问他通过米菲兔赚了多少钱时，他也只能如实回答一句"不知道"。

　　2017 年 2 月 17 日，迪克·布鲁纳在睡梦中安然离世，享年 89 岁。值得一提的是，出生于 1927 年的他，在中国传统生肖里恰好属兔。

## 14　从布雷达看荷兰人的好客

我与布雷达的初见是在便利店，至于离开则是在停车场。

这个位于荷兰南部的边境城市，是从荷兰前往比利时的必经之地，也是我停留之地。我看到停车场旁刚好有一家便利店，便赶紧进去购买补给。

之所以有此冲动，是因为荷兰人生活过于简朴，除食物外，购买东西较少。因此想找个超市非常不容易。有时开车错过一座城郊超市，就得开到下一个城市才能找到。所以我们在荷兰多日，早已养成见到超市或便利店就进去看看的习惯。

作为罐头迷，我在欧洲超市里最喜欢的便是看那琳琅满目的罐头。与中欧不同，紧靠海边的荷兰，罐头以鱼类为主。满满一货架的鱼罐头，让我看了又看，挑了又挑。不过便利店里最吸引我的还是整整一面墙的杂志，欧洲人喜欢阅读，便利店和超市里卖书、卖杂志一点都不奇怪。但荷兰的杂志种类真是特别多，各种时事、时尚和体育杂志应有尽有，封面让人眼花缭乱。

至于离开是在停车场，看起来是句废话，其实自有故事。话说我们离开布雷达时，已是晚上9点半，停车场位于几栋建筑围绕的一个院子内。院子的中世纪拱形大门处有一道闸口，人工缴费或者在收费机上缴费即可驶出。但问题恰恰出在这里，管理人员已下班，而我们的芯片卡，又莫名其妙地在那台收费机上无法使用。

正当我们打算走出停车场，去街上找人帮忙时，一抬头却见到停车场背后的公寓楼上，有户人家正坐在阳台上聚会。几个人坐在沙发和凳子上，拎着酒杯聊天。他们也见到了我们，毕竟在停车场折腾这么久的人也很少见。当我们目视他们时，对方很自然地问出了那句，"你们需要帮助吗？"

于是，我们就隔着几层楼，扯着嗓子沟通起来。当对方知道我们的芯片卡无法使用时，立刻派了个人下来，帮忙刷了卡。公寓的阳台虽然正对停车场，但二者间并无通道，对方可是足足绕了半条街才到达这里。当我们想塞给对方等值现金时，对方摆摆手说不用，随即笑呵呵地跑开了。在德国、捷克、波兰、塞尔维亚等地，我都曾遇到过类似的事情，算下来也欠下欧洲人民好几笔停车费。

事情虽小，却很容易让人对这座城市心生好感并难以忘却。

荷兰布雷达的街景

1252 年拥有城市自治权的布雷达，最初是沿河而建的，而且当年可是荷兰王室拿骚家族的诞生之地。如今，这里已成为荷兰的工业重镇、大机器制造业中心，它的食品、冶金和纺织工业也相当有竞争力。虽然人口只有 11 万，但在荷兰已是不折不扣的大城市。它虽有着悠久工业史，但同时也是荷兰最宜居的城市之一。老城的古朴惬意，新城的现代化便利，都让居民受益匪浅。

1269 年始建的哥特式大教堂是布雷达的地标，97 米高的塔楼是老城的制高点。另一个地标——布雷达城堡，是当年拿骚家族诞生的地方，也是《布雷达和约》签署之地。

《布雷达和约》签署于 1667 年 7 月 31 日，当时正是第二次英荷战争期间。荷兰军队奇袭伦敦，英军大败，再加上瘟疫和伦敦大火，英军无力再战，遂与荷兰签署《布雷达和约》。在和约中，英国放宽《航海条例》，放弃在荷属东印度群岛的权益，并归还了在战争期间夺取的荷属苏里南；荷兰则正式割让哈得逊流域和新阿姆斯特丹（今纽约），并承认西印度群岛为英国势力范围。换言之，这是一个划定势力范围的和约。

旧时海上争霸的硝烟，如今早已了无痕迹，荷兰虽然早已失去了"海上马车夫"的荣光，却始终是世界上最富庶也最具活力的国家之一。至于布雷达，则充分体现了荷兰的超高人口密度，从下午到傍晚，以大广场和大教堂为中心，向四周发散的每条石板路上都布满餐厅和咖啡馆，里里外外也总坐满了人，桌子一直摆到路中间。这样做不怕碰到行人吗？不怕！反正这一带全是步行街。大家喝着咖啡，吃着饭，聊着天，看着太阳一点一点落山。

大广场曾是远近闻名的肉制品市场，1534 年的一场大火导致旧建筑大量焚毁，因此如今看来新旧杂陈。因为这里人太多，连广场的中央都摆满了周边餐厅和咖啡馆的桌椅，人们依旧坐得密密麻麻，想找个空位都难。

我们找了许久，发现有一块难得的空地，正被一个乐团所占据。二三十人围成一个圈，乐器盒堆在中间，街头演出便开始了。他们中间有老人，有中年人，还有不少孩子，且每个人面前都有曲谱架。不同的乐器声、人声交合在一起，露天交响乐就这样奏响了。他们的穿着非常随意，指挥是一个穿着圆领 T 恤、短裤和凉鞋的大叔。虽然大家的穿着十分随意，可演奏起来一点也不随意。

即使整个大广场一带因为餐厅太多客人也太多，简直人声鼎沸，但这个乐团的演奏和歌声，仍能清晰地传遍每个角落。

就这样，乐团的演奏伴随了我们整个晚餐的时间，这算不算偶遇的美好？

# Part4

## 经济的细节：
## 小生意人就要将店铺开到全世界各个角落

　　有一天，低地三国遭遇了水灾，全部被水淹没。所以人民向上帝祷告，希望上帝来帮忙。上帝从天上下来，帮助了低地三国及其人民。人民对上帝感恩戴德，纷纷向其道谢。这时上帝饿了，便坐下来吃了一些东西。当他要重新回到天上时，低地三国的人民却伸出了手，说："给钱吧。你帮助我们，我们已经向你道谢了。但你吃了我们的，就必须付钱。"

# 1 小国的大智慧

眼前的佩特罗斯大峡谷，一如那些经典的卢森堡风光照片一般，带着梦幻般的气息。在我脚下，是沿阿尔泽特河所建的防御城墙，当年曾有陡峭阶梯，上至城墙顶端。在防御功能失去作用后，它便成了观景台，现今已被誉为"最美的欧洲阳台"。

作为一个建筑爱好者，我一向对自然风光无感，即便是佩特罗斯大峡谷也未能给我带来震撼。不过任谁都不能否认，从这个"阳台"望出去，景色奇佳。峡谷幽深，满眼绿意，树木高低错落，远处的大桥和古堡都是卢森堡的地标，在绿树映衬中星罗棋布。那座名为阿道夫的高架拱桥，正是得名于当年的阿道夫大公。

这不是卢森堡唯一的大峡谷。卢森堡是一个多山国家，也以山间城堡众多而著称。从经济发展角度来说，卢森堡的自然环境并不理想。虽然有 30% 的森林覆盖率，风景如画，但境内多山，适合人居的土地非常有限。

也正因此，卢森堡的人口也高度集中，城市人口比例高达90%，可以说城市人口密度绝对不亚于我们的东部沿海地区。

一说起这些富裕小国，就有人用人口少说事儿，其实按照人口密度来说，卢森堡相当"拥挤"。它的人口密度达到 225.1 人 / 平方千米，而中国的人口密度是 144.3 人 / 平方千米。当然，中国人口分布很不均衡，北京和上海每平方千米的人口密度早已超过 1000 人，广东也超过了 600 人。但不管怎么说，卢森堡的人口密度与中国的中部省份基本相当，可以对标中国的山西省，甚至超过了四川和陕西这种大省。

最糟糕的是，卢森堡竟然没有出海口。如果类比的话，完全可以参照尼泊尔和老挝。

也有人说，虽然是内陆国，但旁边都是发达国家，这就是天然优势啊。可如果认为临近发达地区就可以天然享受经济辐射，那就太幼稚了。如江、浙、沪周边省份，珠三角旁的清远、韶关、河源、梅州，都没少接受辐射，但发展远不如预期。

但卢森堡不一样，它不仅发展远超预期，甚至超越了周边的沿海发达强国。那么，它是如何做到的？

前面已介绍过卢森堡的传统"三大件"——钢铁、金融和广播电视。但是，卢森堡的亮点可不仅仅在钢铁、金融和广播电视这三大支柱产业，它的亮点还有很多。比如旅游业就是其中之一。一般来说，越是小国，航空业和运输业就越不发达，往往需要依赖周边国家。神奇的是，卢森堡却是个例外。虽然其海运依托荷兰的鹿特丹等港口，但在航空领域，卢森堡货运航空公司可是欧洲最大的货运航空公司，占据全球市场份额的4%。

卢森堡政府作为世界上最高效、最廉洁的政府之一，表现也十分出色。因为工商业极度发达，政府可支配财政收入也水涨船高。更为难能可贵的是，卢森堡政府将税收基本用于国民福利。因此，卢森堡一直保持着低失业率，贫富差距小。2017年，卢森堡的最低工资标准是每月2000欧元（折合人民币约1.5万元），月收入在4000欧元（折合人民币约3万元）及以下的都会被政府纳入低保范围，领受补助。

卢森堡的成功，最大的倚仗就是持之以恒的开放态度。因为国土面积小、资源总量少，卢森堡一直坚持开放政策，即寻求与周边国家的合作。早在1843年，卢森堡就与德国建立关税同盟，并打入德国市场。1921年，卢森堡与比利时建立经济同盟关系，1944年又将荷兰纳入这一同盟。第二次世界大战后，卢森堡一直是欧洲一体化的主要倡导者和先行者，也是当年欧共体的六大创始国之一。

黄昏时，站在宪法广场上，望向大峡谷。不断有人从广场的一条地下通道走下峡谷。

当年为了防御，卢森堡人曾在这里沿山修建要塞，并以岩石峭壁为天然防御。要塞内四通八达，还有许多洞穴，是值得探险的好地方。其中，沿峡谷而建的波克要塞，已列入世界文化遗产名录。

要塞建成后数百年间，这里曾因战略地位重要而被反复争夺，直到1867年才终止战争功能，并拆除堡垒，最后仅仅保留了17千米长的城墙。现在，沿着要塞的通道可以一直走到被参天大树覆盖的谷底。

宪法广场是卢森堡开放与自由的见证，三色国旗在广场上飘扬。在红白蓝三色组成的卢森堡国旗中，红色象征热烈和勇敢，白色象征纯朴与和平，蓝色象征光明和幸福。

最引人注目的当然是广场纪念碑顶端的金色少女像。第二次世界大战期间，这座少女雕像曾被纳粹严重破坏，残存部分也一直到1981年才被发现。即便如此，卢森堡还是举国募捐修复雕像，于1985年将其重新树立于宪法广场上。

峡谷下方有个三角形小平台，也是旧时要塞留存的痕迹。平台上有漂亮花圃，一对年轻人正坐在平台上聊天，这是我在卢森堡见到的最美景象，我认为这也恰恰说明了自由的意义。

峡谷下方的三角形小平台

当天回酒店时，因为不爱走回头路，又贪新鲜的缘故，我们沿着桥走下峡谷，又兜兜转转走进一片住宅区。眼看着离酒店越来越远，迫于无奈，只好乖乖走回峡谷，再拾级而上，回到宪法广场。在住宅区所见的卢森堡，简单而真实。一栋栋老建筑优雅而立，豪车与普通家用车并存，以卢森堡人的收入和高福利，购买豪车轻而易举，但他们仍有着欧洲人特有的简单务实，仍不会放弃普通家用车。这个国家的美好与简单，已是一种和谐。

## 2　小国炼钢铁照样造就了世界第一

午后的卢森堡，街道整洁，行人稀少，蓝天白云下的街道自带"美颜"效果。你很难想象，这个风景如画的国家居然是以工业起家的。

19 世纪时，卢森堡还是一个极其贫穷落后的内陆国家，80% 的人口从事农业，许多家庭无法维持基本生活，以至于有 1/3 的本国人口只能跑去其他国家谋生。

卢森堡的第一桶金来自铁矿资源。它拥有世界上储量最大的铁矿，估计储量约为 2.9 亿吨，而且品质极佳。换句话说，卢森堡人躺在铁矿上便可以衣食无忧。

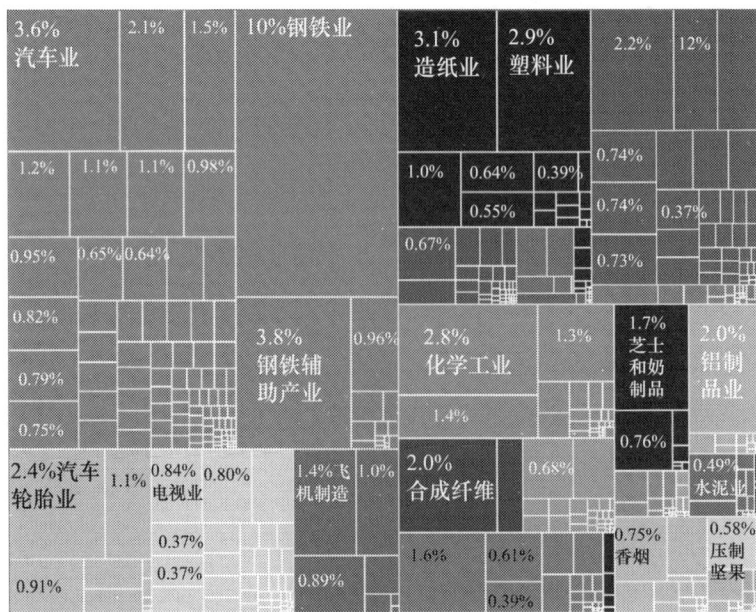

卢森堡经济结构示意图（2019 年）
选自欧盟统计局发布的《2020 年欧盟 27 国政府财政与赤字报告》

当然矿产资源丰富的地方很多，但不是每个地方都发达。如石油储量位居西半球第一的委内瑞拉，铜钼矿石产量居亚洲第一的蒙古，都是反面例子。

卢森堡的可贵之处，在于它很早就知道不能将铁矿资源的运营粗放化。1858 年，卢森堡建立了第一座用焦炭炼钢的高炉。1897年又发明了对褐铁矿石含磷成分处理的新办法，一举提高了冶炼质量，还降低了成本。与此同时，作为冶金业副产品的脱磷炉渣又是很好的化肥，农业产量也随之大大提高。

1911 年，阿尔贝德公司成立。1913 年，该公司钢铁产量已占卢森堡钢铁产量的 31%。此后，钢铁一直是卢森堡经济的命脉。即使是 20 世纪 70 年代中期，在全球性钢铁危机的巨大冲击下，卢森堡仍然依靠政府的资金扶持、减产裁员等手段渡过难关，并在 20 世纪80 年代实现了复兴。

卢森堡钢铁业的第二次转折发生在 20 世纪 90 年代。当时，由于钢铁产品在全世界范围内供大于求，行业再度陷入萧条。此时，卢森堡并未一味依靠政府资金扶持，而是将升级改造放在了第一位。1993—1997 年，阿尔贝德公司进行了战后最大规模的投资改造，投入 50 亿美元建成三座现代化电弧炼钢炉。

到了 1997 年 8 月底，卢森堡关闭了境内最后一座传统高炉，正式告别矿石炼钢，步入电弧炼钢新时代。特别值得一提的是，即便到了 20 世纪末，卢森堡的传统旧高炉设备仍然完好。后来，该旧高炉被我国的广西柳州钢铁集团有限公司（简称"柳钢"）买下，拆下运回国继续使用。更值得一提的是，卢森堡和中国在钢铁业上的合作历史悠久，可以追溯到 100 多年前的汉阳铁厂时代。而且，卢森堡在钢铁业的全球化合作，可不仅仅是靠出口钢铁。因为冶炼技术的出色，它在技术出口方面的收入相当可观。

卢森堡的钢铁业受益于快速转型，始终走在世界前列。直到今天，人均钢产量仍位居世界首位。2001 年，原为世界第三大钢铁集团的阿尔贝德公司与法国北方钢铁公司以及西班牙阿赛拉里亚公司合并，组成阿塞洛尔公司，成为新的世界第二大钢铁集团。2006 年7 月，阿塞洛尔又与原世界第一大钢铁集团的米塔尔公司组建成新的世界第一大钢铁集团——阿塞洛尔 - 米塔尔钢铁集团，其总部就设在卢森堡的首都卢森堡。

但与此同时，卢森堡并没有躺在矿藏上看天吃饭，而是不断实现经济结构的多元化。因此，卢森堡的钢铁业在国家经济中的占比也不断下降，其在国内 GDP 中的占比，从 20 世纪 70 年代的 28%降至如今的 10% 左右。

# 3　火车站也能成为景点

我对安特卫普这座城市的最初印象，源自1993年的欧洲优胜者杯。作为1992年比利时杯赛冠军的安特卫普队，在五大联赛豪强中杀出一条血路，最终获得亚军。不过，这只是昙花一现。这个比利时史上第一支足球俱乐部，后来不幸降级至比利时足球乙级联赛。中国球迷对其熟知，还是因为董方卓。就是这位被曼联租借到安特卫普的"国王董"，曾在2005—2006赛季荣膺比乙联赛射手王。

多年后，董方卓早已泯然众人，被球迷戏称为董卓。至于安特卫普队，则在比乙联赛苦苦挣扎了13年，直到2017年才重返比甲。

不过，足球对于这座城市来说，远远算不上最重要的。因为它还有着太多耀眼的名头：欧洲保存最好的中世纪古城之一、欧洲第二大港、欧洲第二大铁路枢纽、世界最大的钻石加工和贸易中心，以及取代巴黎与米兰的"时尚之都"。另外，它1920年主办过奥运会，还在奥运史上首次采用周长为400米的跑道。

在这座城市中，中世纪的古典美与现代的繁华时尚完美结合，"颜值"自然一等一，它又是怎么做到这一点的？

早在2—3世纪，安特卫普已有人定居。726年，安特卫普作为城市首次见诸文献。1315年，安特卫普港建成。16世纪，它已成为欧洲最富有的城市。1920年，安特卫普举办奥运会。

安特卫普火车站内景

安特卫普有着欧洲城市最光辉的面貌：因为历史悠久，它古典奢华，处处可见昔日荣光；因为经济发达，它光鲜亮丽，不似意大利那般破落；因为注重和谐，它品位极佳，整座城市充满着艺术气息。

火车站，应是安特卫普面貌的最好呈现。

许多人印象中的火车站，多半与拥挤甚至肮脏有关。不过欧美和日本的火车站总是很干净，还有不少"最美火车站"。安特卫普火车站几乎入围了所有"世界最美火车站"的盘点。所以，即使是许多不搭乘火车的自驾游的游客，也会将火车站作为景点慕名拜访一番。

火车是工业革命的象征，借助蒸汽机和钢铁工业的进步，火车取代航运，成为当时最好的运输工具。同时，也正是它将西方文明带向整个世界。在那段光辉岁月里，踌躇满志的欧洲人将火车站当成最好的城市展示舞台，以雕琢艺术品的态度进行建造。兴建于1895—1905年之间的安特卫普中央火车站就是如此：大理石打造的巴洛克风格大厅与75米高的穹顶相结合，宛若教堂；月台大厅的大理石拱柱和雕花墙面同样精美无比；钢架与玻璃组成的红色穹顶采光极佳。即使在1998年和2007年两度增建，安特卫普人仍注重古典与现代的完美结合，让整座火车站宛若艺术品一般。

在外观如宫殿一般的安特卫普火车站外，还有一座巨大的摩天轮。两者的组合让人看到古典与现代的碰撞，却不显得突兀，它们一起成为安特卫普的地标之一。

安特卫普是古典奢华与现代繁华兼具之地，不仅仅见于火车站，整座城市都如此。那座被誉为"中世纪摩天大楼"的圣母大教堂，是世界上最美的哥特式教堂之一，也是安特卫普的制高点。安特卫普广场上的市政厅与行会大楼，一起展示着这座城市的商业传统。

# 4 安特卫普为什么能供应全世界 80% 的钻石成品

如果问比利时人，最能代表安特卫普的是什么？他们一定会回答："是钻石！"

安特卫普是当之无愧的"世界钻石中心"，自 19 世纪以来就是全球最著名的钻石加工中心和贸易中心。

安特卫普世界钻石中心（AWDC），是比利时钻石行业的官方代表，负责管理整个比利时钻石业。每年，这里的钻石交易额可达数百亿美元，世界上每 10 颗未切割的钻石中就有 8 颗被送到这里进行加工，全球 80% 的毛坯钻石和 50% 的成品钻石都流经安特卫普。

这个庞大的产业体系，与专业化的钻石银行、保全及运输公司、经纪商、旅行社、餐厅和酒店是离不开的。另外，钻石中心里还有不少钻石博物馆，人们不仅可以见到矿石加工成世界著名的钻石制品的过程，还有机会观看工匠现场加工钻石。

早在中世纪，安特卫普就是全球珠宝交易的中心。人们曾发现一份 1447 年的档案，刊登了当时安特卫普市长和议员们的公告。公告宣称，"安特卫普市没有人会购买、出售、典当或传递任何模仿钻石、红宝石、绿宝石和蓝宝石的假宝石……"

安特卫普之所以在钻石贸易中有此地位，其实与犹太人有关。当时，许多被迫害的犹太人从欧洲各地逃到安特卫普，其中有不少是专业钻石商人。事实上，在那个年代里，能够在抵达安特卫普后仍然具备雄厚财力的犹太商人，一直以钻石商人居多，因为在漫长的跋涉中，珠宝钻石的携带是最轻松方便的，仅仅一个小小的便携袋里的货物，便能价值连城。

此后的安特卫普，并未躺在犹太人带来的繁荣中享受，而是迅速拓展钻石交易的产业。从技术上来说，安特卫普钻石工匠的切割手艺是公认的世界第一，"安特卫普切割法"已经沿用了6个世纪。这种切割法使得钻石被切割出来的形状为上33面下24面，最能体现钻石的晶莹剔透。现在，"安特卫普切割法"已成为全世界的通用标准，也使得"安特卫普品质"成为钻石贸易里完美加工的同义词。

"安特卫普切割法"不但是精益求精的体现，也是高附加值的实现过程。早在中世纪，安特卫普人就明白，裸钻固然珍贵，但切割后的精美成品会带来更高的利润。据说，一颗重达10克拉的裸钻，经过"安特卫普切割法"加工后将只剩一半，另一半则变成粉末。

除了行业工会的传统之外，安特卫普钻石业的崛起，还得益于当地政府持之以恒的免税政策。1950年，世界上共有4个钻石交易中心，它们全部位于安特卫普。

在火车站附近，那条长不过数百米、外观看来平平无奇的"钻石街"，就是钻石业的中心。其间遍布大量切割中心、钻石交易所与销售店。每天，来自世界各地成千上万克拉的裸钻被武装押送至此，交给顶级钻石鉴定专家鉴定后，再进行加工和再鉴定，最终流入世界各地的市场。

这几年，随着中国市场的兴起，安特卫普的钻石也成为许多国人的新宠。年轻人专程来安特卫普买个婚戒并不是新鲜事，各种拍卖会也时常可见中国人的身影。因此，卢森堡钻石的出口贸易更是大增。仅在2017年，比利时成品钻石对中国的出口总额就达到

30 亿美元，中国成为仅次于美国的世界第二大买家。要知道，从 2006 年到 2016 年，中国的钻石零售额翻了三番，已经是世界第二大钻石消费国。

像我这种对奢侈品毫无兴趣的人，也许真浪费了前来安特卫普的名额。据说，如果你是高端的克拉钻买家，而非普通碎钻买家，那么在安特卫普享受到的服务绝对是顶级的。

早在多年前，安特卫普就有珠宝商推出了全程接待服务，此后整个行业纷纷效仿。如果你要买钻石，可以提前和意向商家联系，提出需要购买的钻石种类、样式和克拉数。商家会带着裸钻和资料去机场接机，并让你免费入住五星级酒店套房。当你在酒店内选购好之后，商家会拿钻石去加工。等待加工期间，你还可以在安特卫普以及周边旅行，直到店家将成品送到酒店进行试戴。如果试戴后发现尺寸不合适，还可以继续住着免费酒店等待店家修改。

一直以来，安特卫普钻石行业的优势都在于悠久传统、专业品质、交通和设施便利，但随着经济发展，这些优势渐渐被淡化。尤其是阿联酋迪拜和中国香港崛起之后，分走了安特卫普钻石业的不少份额。

另外，安特卫普钻石业的人员构成也出现了改变。中世纪以来，犹太人一直是当地钻石业的主体。但 20 世纪 70 年代后，印度商人蜂拥而至，目前已经占据了当地钻石业 60% 的份额。因此，许多世代从事钻石行业的犹太家族被迫改行，也导致大量生产工序（如切割和抛光）转移至人工更为低廉的印度，专业人才更是大量流失。

另外，安特卫普以往在钻石原料供应上有优势，与比利时在非洲的前殖民地有关。但目前这一渠道日渐缩窄，也使得安特卫普在钻石来源上受到威胁。

但即便如此，安特卫普在钻石业的地位仍然崇高。它们所提供的"一站式服务"，还有比利时的优美环境，仍然无可取代。即使现在全球的钻石交易中心已经扩大为 25 个，但在未来很长一段时间里，安特卫普仍将是世界钻石业的中心。

安特卫普为什么能成为钻石之城？因为它繁荣包容，才会在中世纪接纳那么多犹太商人，奠定钻石业的基础。因为它精益求精，才有"安特卫普切割法"这一行业标准。因为它与时俱进，钻石业的产业体系才能不断完善……

## 5 世界金融管理净资产第二的卢森堡

从前文说过的位于卢森堡的"最美的欧洲阳台"望向大峡谷远方，那座有着尖顶塔楼的古堡式建筑堪称全城制高点，那里便是卢森堡国家储备银行总部所在地。

目前，卢森堡经济的最重要支柱是金融产业。早在1856年，卢森堡就出现了最早的金融机构，同时还成立了国家储蓄银行和卢森堡国际银行。1929年，卢森堡证券交易所正式启动，奠定了卢森堡金融业的基础。

20世纪70年代的钢铁危机，让卢森堡认识到了经济结构单一的弊端，开始大力发展金融业。它模仿瑞士的做法，推行银行保密法，对外国公民不征储蓄利息税，从而吸引了大量外国银行和存款。20世纪60年代，卢森堡共有13家银行，1970年扩张至37家，1980年扩张至111家，1995年达到223家，可见每10年都有一倍以上的增长。直到近年来实行兼并重组，其银行数目才有所下降。不过，卢森堡目前最拿得出手的要算基金行业，其境内有3000多支投资基金，管理净资产位列欧洲第一，全球第二，仅次于美国。目前在欧洲注册的中国基金，八成以上都在卢森堡注册。

卢森堡金融业发达的重要基础是投资环境。卢森堡政府一直廉洁高效，司法体系完善。对于外资更提供了大量的软硬件支持，包括完备的基础设施和公共投资、一流的金融网络，以及全欧盟最低的增值税。而且，欧洲投资银行和欧洲金融基金会等机构选择以卢森堡为总部，这既是对卢森堡的认可，也成了卢森堡营商环境的招牌。

# 6　瓷器：偷学与发扬

众所周知，瓷器是中国的发明。大航海时代开始后，中国瓷器风靡欧洲，成为各国王室贵族争相收藏的顶级奢侈品。在英文里，"中国"和"瓷器"都是 China，足见瓷器影响之大。

瓷器令欧洲人着魔，但在很长一段时间里，欧洲人都无法探知瓷器制法，中国牢牢掌握着瓷器的制作方法。直到 18 世纪，欧洲人才开始制造瓷器。

中国瓷器的衰落大致从明清开始。与此同时，中国也渐渐落后于世界文明。时至今日，欧美已经垄断了世界上 90% 的高端瓷器市场份额。

说起欧洲人制瓷，网上一直流传一个说法：欧洲人费尽心思，花了 300 年时间，偷走了中国的制瓷技术。其实近几十年来，各种领域都流传过类似的说法，茶叶就是一例。追本溯源，这些说法虽有来由，但也存在虚构、捏造和过分夸大的成分。

欧洲人想学中国的制瓷技术，这是事实，也确曾有人来偷师。但欧洲瓷器的崛起，却绝不仅仅是偷来的产物，而是欧洲科技飞跃的产物。

西方瓷器的崛起，恰恰在于理性的科学实验和成分分析，从而形成了标准化制作方法，保持了稳定的质量。相比之下，中国制瓷工艺的传承基本靠经验，这像极了烹饪中常用的"盐少许""酱油少许"，有时能烧制出好东西，有时烧制不出。

## 7  欧洲瓷器之王——代尔夫特蓝瓷

代尔夫特是南荷兰省的一个城市，位于海牙和鹿特丹两大重镇之间。面积仅 24 平方千米，人口 10 万。

荷兰国土有限，城市星罗棋布，城际间距离基本在 20 千米左右。从鹿特丹开车出发，只需开上 10 几千米就可抵达代尔夫特。这座始建于 1075 年，1246 年正式设市的古城，有古老运河与一座座石桥，足以让人一见倾心。

入城后，我在狭窄老城里七弯八绕，却找不到一个停车位。不过这样一来，倒是把代尔夫特的一个个居民区都看了一遍。与大多数荷兰城市一样，代尔夫特也是先有运河，再沿河发展为城市。一座座小楼沿着运河而建，一个个庭院种满花木，清静雅致，一派荷兰风情。13—14 世纪，这里的纺织业和啤酒业相当发达。不过真正让它享誉世界至今的，当数 18 世纪开始的陶瓷业。

今天的代尔夫特蓝瓷，即使是在顶级瓷器云集的欧洲，也是数得着的品牌。

一个代尔夫特蓝瓷标志

中国瓷器传入欧洲，曾让欧洲为之疯狂。18 世纪初，欧洲从中国大量进口瓷器，以至于国库空虚，甚至有人为此提出抵制中国货。而在此之前，对中国瓷器的仿制早已展开。

尤其是大名鼎鼎的意大利美第奇家族，这个当时世界上最富

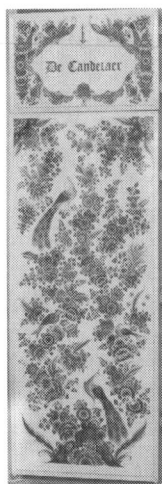

有的家族之一，早在 16 世纪中后期，就在掌舵人弗兰西斯加的主持下，在佛罗伦萨的鲍博利公园建窑，并开始试验模仿生产中国瓷器。当时，美第奇家族的仿制品已经具有相当水准，但由于试验过程烦琐、财力耗费巨大，在弗兰西斯加于 1587 年去世后，美第奇家族便停止了陶瓷的试验和生产。

此后，众多欧洲国家纷纷跟上，开始模仿制瓷。17 世纪，中国正值明末清初，时局动荡，瓷器出口锐减。这时，首先抓住机会的是荷兰人，代尔夫特出产的青花瓷模仿中国瓷器，但又有新的技术突破。一般来说，代尔夫特蓝瓷的色泽比中国青花瓷更浓，这是因为绘制颜料的变化，代尔夫特人在黑色颜料里添加了氧化钴，在烧制过程中，氧化钴发生化学反应，黑色就会变为"代尔夫特蓝"。

代尔夫特蓝瓷时至今日仍然享誉世界。17 世纪，中国青花瓷风靡欧洲，代尔夫特第一个打造出优秀的仿制品，也因此成为欧洲瓷器业的一大先驱。那时，小小的代尔夫特最多曾拥有 30 多家陶瓷工厂，现在则仅存皇家代尔夫特蓝瓷工厂，"代尔夫特蓝瓷"则成为当地最著名的奢侈品品牌。

## 8  根特，商业传统的挥斥之地

根特，比利时东弗兰德省省会，法兰德斯地区的中心城市，比利时最重要的铁路枢纽和港口之一。

这座起源于 7 世纪的城市，曾是西欧地区仅次于巴黎的强大都市。城内最著名的圣米歇尔桥落成于 1909 年。莱厄河在桥下流淌，一直流向北海。

两侧的河岸上遍布中世纪风格的房屋，阶梯状山墙各不相同，极其精美。这些房屋室外坐满了人，多半是咖啡厅与酒吧。一开始，我以为圣米歇尔桥应该是老城里最"年轻"的地标，后来才知道并非如此。莱厄河畔的中世纪风格房屋，多半是在 1913 年根特世博会期间重建。这届世博会结束后的第二年，第一次世界大战爆发，比利时被德军占领。

中世纪时，这里的建筑都属于行会。根特的莱厄河两侧，河东是香草河岸，河西是谷物河岸。顾名思义，一边曾是香草交易中心，一边则是谷物交易中心。二者各司其职，一起造就了根特的商业荣光。

因为临河，根特接纳了欧洲各地的羊毛，13 世纪末成为毛纺业中心。

悠久的商业传统让根特变得多元化，也成为一座自由都市。站在圣米歇尔桥上，最容易让你感受到根特昔日荣光的当数钟楼、圣巴夫大教堂和圣尼克拉斯大教堂组成的天际线。

即使在塔尖云集的欧洲，根特的天际线也属密集。始建于1313年的钟楼，不但是根特老城的制高点，也是根特自治与独立的象征。它的顶端有5个角塔，还有旋转铜龙，守护着这座都市。当年每逢外敌入侵，根特人都以钟声警示御敌。钟楼下的布料大厅，则取代了一般欧洲城市中市政厅的核心地位，它不但是最大的行会建筑，也是与教堂分庭抗礼的市民建筑。

登顶塔楼，老城尽收眼底。最引人注目的当然是与钟楼几乎等高的圣巴夫大教堂。这座融合罗马式、哥特式和巴洛克式风格的大教堂，以高耸塔楼、壮丽穹顶和美丽花窗著称。不过对于根特人而言，它与其说是教堂，倒不如说是博物馆，因为在电影《盟军夺宝队》里被盟军和纳粹誓死争夺的15世纪名画《对神秘羔羊的崇拜》就收藏于此。

这是欧洲历史上第一幅油画杰作，甚至被誉为"油画之祖"。电影并非戏说，因为希特勒确实对其垂涎三尺。

根特的圣巴夫大教堂

如今的根特，钟楼与大教堂无比和谐地合力撑起老城的天际线。不过在当年，它们可代表着两种力量的博弈。

当年，商人们和行会工人们就是在钟楼之下每日忙碌。那时的根特海纳百川，依托繁荣商业，给了众多手工业行会以崛起的机会。那些原本只能在贵族庄园和教会田产里务农的人们，也得以走进城市，成为行会的一分子。

这不仅仅是经济层面上的改变，更关乎社会层面的变革。因为能够在商业体系下自食其力，在根特打拼的人们不再依附于拥有土地的教会和贵族，不再被蒙蔽，而是成为新兴城市里的市民阶层。他们可以在城市中成家立业，甚至白手起家跻身富人阶层。也正是市民社会的形成，奠定了欧洲的城市自治基础，并在文艺复兴和工业革命后日渐成熟。

这种根植于商业的自由传统，是欧洲最宝贵的财富。务实的市民阶层形成了对抗贵族和教会的重要力量。而在金属活字印刷机发明后，教会的知识垄断被打破，因知识而更具力量的市民阶层，就此成为欧洲社会的主体。

特别值得一提的是根特在工业革命中的地位。当英国已经在工业革命中崛起时，欧洲大陆仍然缓慢前行，直到一名前往英国学习科技和现代工厂运作的年轻人带回一台纺织机，欧洲大陆才如梦方醒。

这台来自英国的纺织机是欧洲大陆第一台纺织机，也被视为欧洲大陆纺织技术与机械设计变革的标志。欧洲大陆迎来了现代工业转型，根特则是欧洲大陆第一个步入纺织业革命的城市。

即使引以成名的毛纺织业一度消沉，但根特在工业革命时期成功转型，在很长一段时间里享受着荣光。

从滑铁卢战役后到第一次世界大战前的百年时光，是欧洲大陆难得的和平时代，人们享受着文明带来的成果，幻想着美丽世界的到来。从某种意义来说，1913年的根特世博会是一个象征，或是一个终结。第二年，第一次世界大战爆发。此后，欧洲经历了两次世界大战的重创，也失去了世界中心的地位。

与之前乃至后来的世博会一样，根特也在郊外空地盖起了展场，当时的临时建筑，大多几个月后便被拆除。但难能可贵的是，根特的城市管理者极有眼光，他们借助世博会的机会，几乎重建了根特老城，尤其是前文提到的香草河岸与谷物河岸，并大大拓展了城市外沿。

之所以重建老城，是因为当时的根特人已深知，城市形象的展示不可局限于展场区域，在展区内搭建临时的饮食和消费场所固然方便，但远远不够使用。让城市成为参展者和参观者的消费场所，更能展示城市形象。所以，根特人直接重建了老城。

要知道，那可是近100年前，所谓"营销""包装"等理念并不普及，但在深厚商业土壤中成长起来的根特人走在了前面。而且，他们的翻新与重建恪守中世纪风格，在当时也是独树一帜。时至今日，当年的世博会展场建筑大半已消失不见了，可重建的老城仍是根特最美的存在。

# 9  本可靠脸却偏要靠脑子的米菲兔经济

在前文我已经为大家介绍了米菲兔的由来，现在再为大家介绍一些有关荷兰人如何助推米菲兔经济的故事。

其实，米菲兔系列的荷兰原版绘本一直坚持小开本原则，以便于孩子手捧着阅读。而且，每本只有 12 页，每页一幅插画，配上四行诗，有时甚至连文字都没有。内容多半是孩子可以理解或者即将面对的生活场景。

即使篇幅如此之短，迪克·布鲁纳仍以工匠精神对其进行雕琢，通常几个月才能完成一本。同时，因为追求极简，他习惯在素描草稿上不断删除线条，直至没有一条线是多余的。

他曾说过："我开始画米菲哭的时候，我曾画了 4 滴眼泪；第二天，我去掉一滴；第三天，我去掉另外一滴；第四天，我又去掉一滴。这个时候，我发现，只有一滴眼泪的米菲，是真的非常非常的伤心。"

1992 年，米菲兔首次登上荷兰电视，为每集 5 分钟的动画短片。2003—2007 年，米菲兔和朋友的故事在加拿大和美国的电视频道播放。2013 年，第一部米菲兔电影《动物园寻宝》正式上映，开启了米菲兔的大荧幕之旅。

从绘本到动画，是许多卡通形象的必经之路，这并不稀奇，米菲兔在这条路上却走得很慢，但它的开拓之路不局限于此。

半个多世纪以来，挂有米菲兔标志的产品卖出了 1 万多种，如今每年可以带来 1.5 亿欧元的市场销售额。通过形象版权授权，米菲兔出现在文具、衣服、家具、配饰和玩具等领域，在许多国家甚至随处可见。仅仅是迪克·布鲁纳家族的出版社，每年就可以通过米菲兔形象"躺赚"200万欧元，相当于人民币1600万元。

1996年，与米菲兔相关的图书和音像制品进入中国。米菲兔的形象也被应用于国内商业领域，其中包括婴儿衣服、家具用品、鞋帽、配饰和玩具等。

中国人接触米菲兔，多半不是从绘本开始，而是从文具开始。因为早在中小学生能见到米菲兔绘本之前，就已经在晨光文具上见过它，特别是那些带有米菲兔立体形象的圆珠笔。晨光文具早在2005年就开启了与米菲兔版权方的合作，是米菲兔在中国首批授权的品牌之一。

如今在电商网站上，可以见到不少米菲兔授权的正版产品，比如儿童书包、儿童保温杯、拼图、闹钟、服饰、鞋子、儿童碗筷、存钱罐、收纳箱和拉杆箱等。

有米菲兔形象的各种周边产品

只不过，随之而来的便是盗版问题。

米菲兔成为知名商业品牌后，盗版侵权行为也随之出现，如不少以米菲兔为标志的服饰和鞋子。当然还少不了打擦边球的，就像"全庸"之于"金庸"，"可日可乐"之于"可口可乐"那样。品牌方也为此打过官司，并获得了赔偿。

不过对于迪克·布鲁纳来说，最让他头痛的是日本人。日本人从未像某些商家那样走低端的赤裸裸的侵权路线，而是采取了另一种让人无法判断和界定的方式。

1974年，史上最能赚钱的小猫咪在日本诞生，它就是Hello Kitty。这只小猫和日本的卡哇伊文化一起风靡全球。

但在2010年，迪克·布鲁纳在接受英国《每日电讯报》采访时，表示自己一点也不喜欢Hello Kitty，因为它涉嫌抄袭米菲兔。

Hello Kitty和米菲兔确实有相似之处，它们都走的是萌化路线，造型也相当简单。也正因此，许多人甚至认为米菲兔是日本的。不过要说抄袭，似乎很难界定。

但可以确认的是，Hello Kitty乃至日本的卡哇伊文化，都受到了米菲兔的巨大影响。早在1964年，米菲兔绘本就由作家石井桃子翻译引入日本，掀起热潮。换言之，米菲兔的日本粉丝已有两三代人之多了。日本最著名的旅行攻略"地球步方"系列，将乌得勒支视为荷、比、卢路线的圣地之一，不少日本游客还会在迪克·布鲁纳习惯前去的咖啡馆等候，与之合影并索要签名。

日本人对米菲兔的热爱也说明了这一点。2015年，为了纪念米菲兔诞生60周年，朝日新闻社在东京银座举办米菲兔特别展，迪克·布鲁纳最初创作米菲兔的画稿也首次公开展出。许多知名设计师和插画师重新设计或画出自己心中的米菲兔，向迪克·布鲁纳致敬。

当然，也有过不愉快。话说 Hello Kitty 曾经有个名叫卡西兔的好朋友，被迪克·布鲁纳认为与米菲兔神似，侵犯了著作权，于是提出诉讼。法庭判卡西兔侵权，日本三丽鸥公司败诉。当事双方协定，未来会尽最大努力令产品不会侵仅，诉讼涉及的全部费用大约15 万欧元将捐予日本地震海啸灾害后的重建工作，卡西兔也随即退出市场。

从 20 世纪 80 年代至今，日本动漫形象的周边拓展堪称全球第一。米菲兔这只全球最会赚钱的兔子，给日本人提供了无数借鉴。

## 10  如何将工业城市变成宜居城市

沿着高速公路在瓦隆地区飞驰，比利时的列日不仅是必经之地，也是旅行者常常忽视之地。

入城时的"风景"很容易导致这种忽视——一座巨大的工厂坐落在路边，锅炉烟囱一样儿都不少。这种景象在中国常见，但在欧洲，尤其是在市区附近绝对罕见。

列日是欧洲历史最悠久的工业城市之一。它是瓦隆地区的经济中心，早在 16 世纪就已靠纺织业崛起，此后又逐渐成为欧洲最重要的冶金工业区之一。近年来，列日又迎来工业转型，不再单纯立足于纺织、煤炭和钢铁等行业，而开始大力发展电子、生物化工和航天等行业。我们所看到的那座巨大工厂，未来也许会成为历史。

列日的工业发展与地理位置有关。某种意义上，它可以算是西欧地区的几何中心之一。在古代，河运发达的默兹河使列日成为重要河港。时至今日，它仍然是欧洲第三大河港。在铁路和公路飞速发展的时代，距离荷兰仅仅 30 千米，距离德、比边境仅仅 45 千米的列日，是欧洲最重要的铁路枢纽之一，也是众多公路网的交汇处。

也正因此，列日也是兵家必争之地。1914 年 8 月 4 日，德军入侵列日，比利时军队在列日要塞阻击敌军，这是第一次世界大战的第一场大型战役。当时，列日是从德国通往布鲁塞尔乃至巴黎的铁路枢纽，自然成为德国的目标。最终，德军以伤亡 2.5 万人的代价打开了进攻法国的通道，但比利时军队的顽强阻击，则为协约国集结军队赢得了时间。

每年，有众多游客因为交通中转在此停留，但又有多少人会认真看看这个古老的工业城市呢？

我们的进城道路，始终沿默兹河而行。河岸两侧遍布10层左右的住宅。在欧洲城市里，这可是不折不扣的高楼。不过它们外观颇为陈旧，带有旧时工厂区的痕迹。

但这并不影响河岸的惬意。宽阔的人行道上，总有人步行或跑步，有长凳可供人休息。云层厚重，压得也低，岸边高楼仿佛直插天际。

在导航的提示下，车子在一座钢铁大桥处拐弯，驶向对岸。这座名叫弗拉尼桥的大桥，落成于1904年。它带着工业化时代的痕迹，也见证着欧洲的辉煌。1905年，列日举办了世博会。

列日的中心——老城，是我接下来的目的地。因为如果不深入老城，你很难体会到这座城市的昔日荣光。想想也是，这是一个有着悠久自治传统的城市，入城时的面貌又怎会是它的全部呢？

列日老城风景

老城的中心，是铺满鹅卵石的大广场，其四周散落着各种建筑。绵延气派的古老宫殿，古朴建筑下的现代化商店，还有近年兴建、外观颇具创意之美的商业体，都在这里共存。人们坐在台阶上休息聊天，营造出相当理想的公共空间。道路向四周延伸，其中一条是遍布商店的林荫大道。大道尽头小广场上的白色建筑想必是市政厅，人们在路上穿行，树影斑驳。

这座传统的工业城市，就这样呈现出宜居的一面。在广场旁一家餐厅坐下来，与当地人一样喝着饮料吃着青口，眼前这座古朴与现代交织却不显杂乱的老城，在微风中显得舒适惬意。

当然，这座城市最美的地方，当数布埃伦山。说是山，但现在我们早已见不到山，只能见到密密麻麻的旧时宅邸。那些建筑普遍庞大而精美，称之为半山豪宅绝不为过，它们多半属于当年的富商，见证着列日昔日发达的行会体系。数百级的阶梯直抵山顶，高处的住户就这样每天拾级而上。

这道"天梯"就是列日的地标，总有人坐在石阶上，望向山下的世界。只有慢慢走上去，你才会感受到这座城市的安静古朴。而那些在半山世代而居的人们，似乎永远生活在旧日时光里。

## 11 开展国际贸易，《丁丁历险记》先行

说起来，我们前面介绍过的丁丁和美国结缘也很早。早在1932年，《丁丁在美洲》发表，埃尔热就收到不少来自美国的信。其中一位纽约老太太甚至表示，这次丁丁来美国，她没能见到，十分遗憾。希望丁丁能再来一趟，她会承担所有费用。

但丁丁系列的美国版正式面世，则要等到1959年。有意思的是，美国市场的限制比其他任何市场都多。比如美国检查机构不允许童书涉及种族问题，于是，埃尔热只好将《金钳螃蟹贩毒集团》中的黑人角色的皮肤画成了淡色。同样是《金钳螃蟹贩毒集团》，编辑认为虽然丁丁不喝酒，但阿道克船长嗜酒如命，如果依照原稿出版的话，会招致教育界的猛烈批评。毕竟，当时美国社会由清教徒主导，与欧洲人尤其是法语世界的"自由"完全不同。于是，在美国版里，阿道克船长那句"就算我死了，也要喝上最后一瓶"的场景被删掉了。

只不过，尽管做了大量的宣传，如在纽约到布鲁塞尔的航班上摆放了《丁丁历险记》以供取阅，《生活》杂志发起了"丁丁下一站会去哪里"的讨论，《丁丁历险记》美国版最初的销量却令人失望。前两个月仅8000套的销售数，对比欧洲每周25万本的成绩，显然无法让出版商满意，以至于出版商发出哀叹："这个国家（指美国）不但在发射人造卫星上落后于苏联，连在丁丁的竞赛上也落后于欧洲。"

直到1971年，情况才有所改变。每期发行70万册的《儿童文摘》

杂志从 1966 年开始连载《丁丁历险记》，正是这本杂志慢慢培育出读者，让丁丁真正走入美国家庭。

1983 年 3 月 3 日，埃尔热去世。此时，他的《丁丁和字母艺术》只画到第 42 页草图。此前每一部丁丁作品，埃尔热都严格维持在 62 页的篇幅。遵循埃尔热的遗愿，这部作品并未由他人续完。1986 年，该作品以 42 页草图加剧本格式文字手稿的形式出版。

我们知道，记者是个好职业，在美国的超级英雄中，也有一位记者，他便是穿着蓝色紧身衣、披着红色斗篷的超人。1938 年诞生的他，飞起来比子弹还快，力气比火车头还大，一跳就能跃过高楼，从此成为美国的化身。

相比之下，丁丁的力量显然不足以拯救世界。不过，他的本领很多，会拳击、开船、开车，甚至还会开飞机和骑马，但相比美国式的超级英雄，这一切都显得小儿科。他最大的能力便是机智，但相比超能力，这点机智似乎也没有什么特别的。

可丁丁还是打动了一代又一代的人，因为他是博爱与和平的捍卫者。

他也没有美国超级英雄式的张扬。2004 年，时尚手表品牌斯沃琪（SWATCH）推出了丁丁 75 周年纪念款，这是丁丁罕有的跨界合作。埃尔热基金会严格控制着《丁丁历险记》的版权，周边产品的开发十分有限，似乎只有在布鲁塞尔，你见到丁丁周边产品的机会才会多一点。相比美国超级英雄们无孔不入的商业化，丁丁就像现实中的欧洲那样，老派优雅且含蓄低调。

即使如此低调，《丁丁历险记》目前仍保持着每年全球 300 万册的销量，他是我们真正的老朋友。

# 教育的细节：
## 为学之道，可以大成

　　从中世纪起，欧洲的大学兴盛起来。特别是在英、法、德三国，各式各样的大学遍布各地。荷兰、比利时和卢森堡，恰好位于这三国之间，因此它们的大学也秉承了英、法、德的传统，实施开放自由的教育，不仅培养人才，也培养兴趣。

# 1 学校不止教知识，也可以教时尚

作为欧洲历史上最富庶的城市之一，比利时的安特卫普有着悠久的艺术传统。如今的安特卫普市立美术馆，就是当年鲁本斯的工作室和居所。

这位巴洛克大师是 17 世纪欧洲最著名的画家之一，与意大利的卡拉瓦乔、荷兰的伦勃朗和西班牙的委拉斯开兹齐名。他的埋骨之所圣雅各教堂，也是游客必"打卡"之地。教堂中还藏有他的壁画《使徒围绕着怀抱耶稣的圣母》。这位产量惊人、效率极高的艺术大师，率领一众弟子打造了当年的油画"生产线"，完成了分散于欧洲各宫廷教堂的数百幅油画。

时至今日，安特卫普没有丢弃自己的艺术传统，甚至青出于蓝而胜于蓝。在业内看来，它已经取代了巴黎和米兰，成为欧洲顶级的"时尚之都"。

这一切源自 20 世纪 80 年代。当时，"安特卫普六君子"在时尚界崛起，凡·高曾经就读的安特卫普皇家艺术学院也成为设计师的摇篮。

"安特卫普六君子"是时尚史无法绕过的名字，有人曾这样形容他们：易敏自省"少女"玛丽娜·易、色彩印花大师德赖斯·范·诺顿、黑暗哥特女王安·迪穆拉米斯特、安特卫普的疯老头华特·范·贝伦东克、绿茵运动王子德克·毕肯伯格斯、细腻田园匠人德克·范·瑟恩。

他们出道的年代，正是山本耀司等日本先锋设计师颠覆巴黎的时代，"六君子"同样以"反奢侈"口号崛起。

1987年，这6名安特卫普皇家艺术学院的学生，用租来的简陋卡车载着自己的作品，以不请自来的方式直闯伦敦时尚周。他们用简陋的声光器械展示作品，结果被英国媒体冠以"安特卫普六君子"称号。他们的前卫设计、细致剪裁一举震惊了当时低迷保守的时尚界，也从此奠定了比利时设计师在全球时尚界的卓绝地位。

在此之后，安特卫普一跃成为时尚重镇，如今更是当之无愧的时尚之都。

当年直闯伦敦时尚周时，动议者和领军者就是老顽童华特·范·贝伦东克。以狂野著称的他，以招牌光头和大胡子为标志，擅长采用迷幻多彩的拼接色和童稚的视错感剪裁。

德赖斯·范·诺顿出身裁缝世家，以怀旧、民俗和层次感著称，细碎印花和不同材质、文案的拼接重构是其设计标志。他曾说过：

安特卫普皇家艺术学院

"我觉得我的生命是用华美衣服构成的。"

安·迪穆拉米斯特的设计以黑白为主，是男人一统天下的时装设计界中最受人尊敬的女性之一，她的设计以不规则的剪裁和材质运用而著称。她讨厌矫揉造作的装饰、花边、珠链，黑白是她的时装永恒的基调，美国时装媒体称她为"Ann 王后"。

德克·毕肯伯格斯原先想当一名律师，但后来还是进入了安特卫普皇家艺术学院。他偏爱军装与运动风格，喜欢粗犷的材质和简洁的外形，擅长混搭各种皮革和极具男性气息的配饰。有人将他的设计称为"高级时装般的运动光学、几何与速度、经典与未来的结合"。

另一个德克——德克·范·瑟恩，则偏爱田园风，色彩柔和自然，线条简约。

玛丽娜·易与另外 5 人不同，她在赢得世人关注后，反而选择了平淡生活，一度还离开过时尚行业。她擅长细节，喜欢在游牧民族的生活方式上找灵感。

六君子的恩师琳达·洛普曾这样评价他们的设计："他们的作品并不是美极了，而是非常富有感情。"因此也有人说："懂得穿安特卫普作品的人，是纵情于世的时尚高人。"

创立于1663年的比利时安特卫普皇家艺术学院也因"六君子"而举世闻名。有趣的是，直到建校 300 年，也就是 1963 年时，它才开设时装设计专业，在短短时间里便已如日中天。

不过想在这间学校里毕业可不容易。它每年只招收 540 名学生，其中时装设计专业只招收 150 名。虽然学校注重灵感，鼓励学生打破常规，但课业要求严格，因此退学成为常态。该校往往第一年就能淘汰一半人，时装设计专业的 150 名学生，一般只有个位数的学生能够毕业，可见其苛刻程度。但也正因为这样，才成就了安特卫普的时尚之都美名。

难能可贵的是，安特卫普的时尚绝非只有学院派。在安特卫普街头，时常可见各种展览和演出。艺术家们可以直接找市政厅，寻求在展览、演出方面的扶持，当地政府也会根据实际情况提供最大的帮助。

安特卫普为什么能成为时尚之都？因为它繁荣包容，给予了艺术家们足够的生存空间；也因为市政厅的努力，给予了艺术家们尽可能多的扶持。

## 2  世界最美书店，天堂触手可及

前面我们提到过，荷兰马斯特里赫特，被称作"欧盟诞生地"。1992年，欧共体各国在这里签署了《马斯特里赫特条约》，标志着欧盟的诞生。《马斯特里赫特条约》规定，要在密切协调成员国经济政策和实现欧洲内部统一市场的基础上，形成共同的经济政策，具体内容是统一货币，制定统一的货币兑换汇率，建立一个制定和执行欧共体政策的欧洲中央银行体系。从此，便有了欧元。

这座城市的创造力，并未在欧盟和欧元诞生后消失。如今的它热衷于古建筑改造，被英国《卫报》誉为"世界最美书店"的天堂书店便是代表作。

天堂书店其实是一间由古教堂改造而成的书店。教堂的历史可以追溯到1267年，一群天主教多明我会的修道士开始在此修建教堂，并于1294年建成了尼德兰地区的第一座天主教堂，它也是尼德兰地区最早的哥特式建筑。之后几百年间，马斯特里赫特一直是兵家必争之地，教堂也经常被挪作他用。特别是1796年，法国政府将之用作骑兵马厩后，其教堂功能再也没有恢复。1815年，教堂重新归还给荷兰，此后曾陆续做过音乐厅、考场、市集、体育比赛场地和展场。

2001年，荷兰最大的连锁书店集团Selexyz向马斯特里赫特市议会提出改造方案，随后用了整整5年时间，花费700万欧元，于2006年11月将教堂彻底改造为书店——这座名为天堂书店的教堂成为人们心目中的世界最美书店。

天堂书店

　　如果你是为了天堂书店到访马斯特里赫特，我会建议你先住一晚教堂酒店——没错，它是由废弃教堂改造而成的酒店。

　　在欧洲，教堂酒店为数不少，我也住过几处。要说入住的舒适度，马斯特里赫特的这间教堂酒店可排不上号，但要说外观和内部结构，它可绝对是第一。该酒店外部砖墙古朴雅致，哥特式尖塔傲然耸立。悬空的二楼餐厅，直接对着教堂的彩绘窗。内部大量采用金属架，营造现代氛围，却又能与教堂的古朴相映成趣。更重要的是，整座酒店无论内外，都只采用加法，而非先减后加，即没有对原有教堂结构进行任何破坏。

　　酒店的大门口最有意思。既然是酒店，当然不会让你有步入教堂的感觉。但又不能破坏教堂原貌。所以，投资方请了有"光之诗人"之称的著名灯光设计师摩利尔。摩利尔经过测量和思考，在酒店入口处设计了一个闪闪发光的铜质大喇叭，人们走进这个闪着金色光芒的喇叭，会感没错自己仿佛被吸入酒店一般。

教堂内部分为几个区域，教堂大厅就是酒店大厅，包括接待区、会议厅、餐厅、图书馆和咖啡厅等，原属唱诗班的位置被改为酒吧，这里藏有1800多种葡萄酒，足以令爱酒者流连。后面的修道院部分则全部改为客房。绚丽的彩绘窗、穹顶壁画与极富金属感的搭建材料得到了完美融合。据说，酒店延请的都是国际大牌设计师。

其实在马斯特里赫特旧建筑改造群中，教堂酒店只是一个普通样本，甚至是相对粗糙的一个。但它与天堂书店等同类改造一样，都遵循了"保存原貌"这一准则。

天堂书店的美，在于它既保存了教堂原貌，又将书店的典雅和教堂的古朴完美结合。这座尼德兰地区最早的哥特式建筑，与一般哥特式建筑略有不同，它的窗户非常宽大，采光极佳。美丽的教堂穹顶更是赋予空间无限可能。

与教堂酒店门口那个铜制大喇叭一样，天堂书店的门口也做了加法，一个红色雕塑做成打开的书页的样子，这便是书店的大门。

一走进去，唯有惊叹。高耸的拱柱向上延伸，层层骨架直通穹顶，穹顶的画作带着岁月痕迹。书店分两层，一层的布局其实跟平常书店无异，但那个被设计师称作"图书公寓"的大书架，不但支撑起了书店的二层，也成为整个天堂书店最抢眼的一部分。一次成型的黑漆钢铁结构，与教堂的暖色基调相互映衬。之所以叫"图书公寓"，是因为设计师为了适应教堂本身的高度，将书架也做得极高，层层叠叠，就如公寓一般，让人可以一层层向上走，看书的同时，还可以从不同角度观赏教堂的风貌。顶层的观感最为出色，不但可以居高临下一览书店全貌，还可以与教堂顶部近距离相望，有

"天堂触手可及"之感。也正是这个"图书公寓"，使得书店被分割为左右两部分，一侧是普通布局，但非常空旷，置身其中，可体会到自身的渺小；另一侧则因"图书公寓"而显得层层叠叠，一直向上延伸，繁复而雄伟。

最值得一提的是，由于书店的建造不能破坏教堂固有形貌和结构，所以这座"图书公寓"其实并未与教堂的墙身有任何接触，而是独立存在的。

另外，我们还可以发现一个视觉焦点，即由昔日教堂圣坛改造而成的咖啡厅。正中的一组咖啡桌被摆放成巨大的十字架形状，更显示了书店与教堂的完美统一。

# 3　老建筑烧完了，在腾出来的地方建一座大学城吧

去过荷兰旅行的人很多，但像我这样第一站选择恩斯赫德的，应该不多吧。

荷兰旅游资源甚多，但主要集中于三角洲地带，阿姆斯特丹、鹿特丹、海牙、赞丹风车村、小孩堤防和代尔夫特等都在这里。相比之下，荷兰北部却几无名城，也没什么特别的景点，是大多数旅行者都会放弃的地区。

将恩斯赫德作为荷兰的第一站纯属偶然。因为根据行程，我从德国驾车入境荷兰，刚好要在荷、德边境住一个晚上。荷兰东部与德国接壤的城市中，恩斯赫德最大，酒店也最多，于是这里便成了我的首选。

这是一座"非典型"荷兰城市，即使老城也并不古典，只有大量红砖建筑带着荷兰元素。酒店则是一栋新式建筑，简洁红砖立面与冷酷金属风搭配，附近就是城际铁路，距离老城不过几步之遥，最适合休闲。

不过，就是这座休闲城市，让我兜兜转转走了几圈，差点走断了腿。因为，我想去寻找攻略里提到的那座"乐高教堂"，这是我选择恩斯赫德的另一个原因。

攻略是这么说的：这座位于恩斯赫德的阿布丹徒斯·吉干图斯教堂完全使用乐高方块建成，是雷斯 FM 团队 2011 年为格伦斯维克艺术节而设计的。五彩乐高的外观使它成为恩斯赫德的新地标。

　　可是，酒店前台无论看地址还是看图片，都不知道这座"乐高教堂"在哪里。绕着老城走了两圈，也毫无踪迹。最后我跑进游客中心，两个工作人员看了很久，又想了半天，终于搞清楚了。她们告诉我，这间教堂确实曾经存在过，而且就在附近，但它是一个临时建筑，早已拆除。

　　失望在所难免，不过我也刚好趁此机会，把小小的恩斯赫德老城走了一遍。城中之所以遍布新建筑，老建筑较少，是因为这里曾于1862年遭遇大火，也因为这座被改革为"大学城"的城市始终是荷兰的新兴产业重镇。

　　老城的中心当然是大教堂，这座始建于1200年的大教堂，在1862年的大火中沦为废墟。此后经过重建，目前唯一可见到中世纪痕迹的就是北墙。

恩斯赫德老城一角

　　大教堂所在的中心广场，旧时名叫老市场，四周遍布餐厅和咖啡馆。从下午 3 时到 6 时，这里一直坐满了人，十分闲适。

　　这里还有在西欧十分少见的犹太会堂。恩斯赫德的这座犹太会堂建于 1927—1928 年，其圆顶最引人注目。它的前身是一座建于 18 世纪的小型会堂，同样在 1862 年的那次大火中被焚毁，被当地犹太人改建为现在的模样。即使是在犹太人遭遇浩劫的第二次世界大战期间，这座教堂也得以幸存，因为当时纳粹德国将这座会堂作为党卫队的保安处使用。

　　在塔楼高耸、外观方正的市政厅旁，有一片大草地，还有一片石块堆成的假瀑布，都是孩子的乐园。在附近超市里买一盒只有国内一半价格的哈根达斯，坐在草地上边晒太阳边吃，更是无上享受。

　　可不要被这闲适和在广场坐着喝咖啡的老人家骗了。恩斯赫德可是荷兰最好的大学城，著名的特温特大学就在这里。特温特大学是荷兰四大顶尖理工大学联盟（4TU）成员，也是欧洲创新型大学联盟成员之一，其纳米技术、集成电路设计和化工等学科都位居世界前列。有意思的是，欧洲大学城因为传统，多半都没有校园，教学楼散落于城市各处，可特温特大学却恰恰是荷兰唯一的校园式大学。

　　年轻人让这座城市充满活力。其实，早在工业革命时期，受益于鲁尔工业区的崛起，位于鲁尔工业区周边的恩斯赫德曾是纺织重镇。不过随着纺织业的萧条，恩斯赫德的地缘劣势暴露无遗，人们纷纷前往阿姆斯特丹、鹿特丹和海牙等大城市所在的三角洲一带工作，导致恩斯赫德人口锐减，城市凋敝。

　　不过也正因为摆脱了工业的束缚，不再被污染，恩斯赫德重新恢复旧时景致，并因清静安逸成为大学城。年轻人的到来，使得这座城市重新繁荣了起来。

　　虽然我没有见到那座"乐高教堂"，但仍然可以慕名拜访那条罗姆贝克街。这条商业街以罗姆贝克河命名，这条河曾流入地下，工业革命时期，在城建中被挤压而消失。如今它重见天日，恩斯赫德人在河下铺设石子，减缓水流速度，营造出了各种反射效果。

　　这条随河的宽窄而变化的街道，作为城市创新设计，曾被诸多行内人士称道，甚至被列为世界上最美的创意街道之一。

　　让古老凋敝的工业城市换一种活法，这算不算一种创新？

## 4 鲁汶的大学与大学的鲁汶

"一座有大学的城市，我们见得多了。可一座有城市的大学，你见过没有？就算你见过，那么一座包含两座城市的大学，你又见过没有？"

坐在鲁汶市政厅旁的餐厅里，我一边跟儿子说着这段像绕口令一样的话，一边大快朵颐。直至几年后的今天，鲁汶让我印象最为深刻的还是市政厅和这次午餐。

鲁汶是比利时的第九大城市，比利时的国土面积不过与两个北京市相当，它的第九大城市当然袖珍得很。不过鲁汶却是我眼中最值得探访的比利时城市之一，甚至不亚于布鲁塞尔、布鲁日、安特卫普和根特这"比利时传统四大件"。

这座城市的美，起码有一半拜市政厅所赐。开车进入鲁汶，导航目的地就是市政厅。大概还有三五百米距离时，我根据经验，开始留心路边停车位，毕竟市政厅广场周边是最热闹的地带，未必有车位。

从停车场向市政厅步行，沿途街道古朴，店铺雅致，一派典型的欧洲小城之感。拐个弯后豁然开朗，市政厅所在的大广场赫然出现在眼前。

广场被中世纪建筑所围绕，每栋楼的山墙都极为漂亮，虽然比不上布鲁塞尔、布鲁日和安特卫普的大广场那般精致绝美，但也值得一看。可大多数探访鲁汶的人想必都顾不上看广场上的老房子，因为市政厅足以吸引所有目光。

鲁汶市政厅

　　奠基于 1448 年、完工于 1469 年的鲁汶市政厅也许是世界上最华丽的哥特式市政厅。其外墙上布满手工雕刻的人物，极其华美。几个哥特式塔尖向天空延伸。但凡哥特式建筑，都有让人欲罢不能、无法抗拒的繁复感，鲁汶市政厅尤为突出。幸运的是，这栋华美建筑竟然躲过了两次世界大战的炮火。

　　市政厅所在的大广场是鲁汶的核心地段，中世纪风情浓郁。随便找家餐厅，一边看着市政厅一边吃比利时国菜——煮青口，味道好得出奇。我在比利时吃过许多次青口，几乎每餐必点，其中不乏名声在外的大牌餐厅，可没有一家比得上鲁汶的这次偶遇。

　　不过鲁汶最出名的还是 1425 年由教皇马丁五世下令成立的鲁汶大学——世界上历史最悠久的天主教大学。这所大学在比利时排名第一，也是世界级名校，世界排名常年在前 50 名之内，位列 2017

年泰晤士世界大学排行榜第 40 名，US News 世界大学排行榜第 44
名。在 2017 年路透社全球一流创新大学排名中，鲁汶大学更是位列
欧洲第一，世界第五。

正因为鲁汶大学和其他几所高校的存在，你很容易感受到这座
城市拥有的青春气息。随处可见的骑行者，遍布全城的单车道，还
有广场上搭建的舞台，都宣告着年轻人的存在。这座城市的常住人
口不过 9 万，其中 1/3 以上都是大学生。

最初的鲁汶大学，教职人员主要来自巴黎大学、科隆大学和维
也纳大学。随着声望日隆，许多学者前来任教。尤其是 16 世纪，哲
学家和神学家伊拉斯谟在此执教，他于 1517 年创建三语言学院，研
究希伯来文、拉丁文与希腊文。

鲁汶大学走出过无数传奇人物。比如罗马天主教教宗阿德里安
六世，他是鲁汶大学教皇学院的创办人，也是神圣罗马帝国皇帝查
理五世的老师。天主教改革运动家杨·史丹东克也出自这里，他创
办了鲁汶大学的史丹东克学院。现代解剖学之父安德烈·维萨里，
诺贝尔医学奖得主克里斯汀·德·迪夫和阿尔伯特·克劳德，杨森
制药创始人保罗·杨森等也都出自该校。

值得一提的是鲁汶大学中的中国元素。清朝康熙皇帝的科学启
蒙老师、曾经以外国人身份担任工部侍郎的南怀仁，就曾就读于鲁
汶大学。可惜的是，他虽然向中国传播了近代西方科学，但仅凭其
一己之力终究无法挽回清朝的因循守旧，那一线曙光竟然在很长一
段时间里成为绝唱。直至晚清，一位中国年轻人远渡重洋，来到鲁
汶大学就读，再次将鲁汶大学与中国联系在了一起。他就是有"中
国地质学之父"和"近代石油工业之父"之称的翁文灏。

不过，如今鲁汶市的鲁汶大学，仅仅是昔日鲁汶大学的一部分。比利时国内族群问题突出，北方讲弗拉芒语的弗拉芒族与南部讲法语的瓦隆族一向有矛盾。因后者人口更多，所以比利时学校多用法语教学。早在19世纪，比利时就曾因授课语言问题而引发矛盾，直至20世纪30年代，鲁汶大学等高校还都在实施双语制教学。但到了20世纪60年代，族群矛盾激化，也蔓延至高校。1963年，弗拉芒族学生示威，法语师生随即罢课。1966年，弗拉芒族学生罢课。1968年，矛盾更加激化，在是否保持鲁汶大学完整统一的问题上，政府也产生了分歧，多位弗拉芒族高官因此辞职。最终，政府于1970年决定将鲁汶大学一分为二，弗拉芒语科系留在鲁汶，法语科系则全部迁往法语区，成为今天的法语区鲁汶大学。很多人也因此将之称为新鲁汶大学，但实际上这个名字是误读。

回到开头，我跟儿子所说的"一座包含两座城市的大学，你又见过没有"就源于这次分裂。如果说鲁汶是一座古老的大学城，那么因法语区鲁汶大学而生的新鲁汶，就是一座完全属于大学的城市。

换言之，相比古老的鲁汶，新鲁汶是一座无比年轻的城市。它完全被大学所带动，依托于这所高校的活力。

这次分家并未让鲁汶大学沦落，无论是老校还是新校，都承继着鲁汶大学的自由与学术传统。要知道，这所大学曾见证比利时这片土地的沧桑。几百年来，西班牙、奥地利、法国和荷兰都曾统治过这里。西班牙统治时期，鲁汶大学还曾因宗教战争而遭到严重破坏。奥地利统治时期，鲁汶大学不得不接受奥地利僵化的教育模式。法国统治时期，鲁汶大学一度被下令关闭，直至1835年才告恢复。在两次世界大战中，比利时两次被德国占领，被视为瑰宝的鲁汶大学图书馆也两次被焚为灰烬。可是这一切，都未能让鲁汶大学沉沦。那么，你完全可以将法语区鲁汶大学视为继承了鲁汶大学悠久传统的一个分校，就像英国的剑桥大学之于牛津大学。

就像欧洲其他大学城一样，鲁汶大学的不同院系和机构也分布在鲁汶市内，并没有圈起来的校园。其中最值得探访的，当然是图书馆。1636 年，鲁汶大学草创图书馆，并渐渐扩大。1797 年，当法国统治者下令关闭鲁汶大学后，馆藏被转移。其最有价值的部分被转往巴黎，法国大革命后又流落至各国的图书馆。

鲁汶大学于 1817 年重建后，重新再设图书馆。可惜在第一次世界大战时，德军将之烧毁。第一次世界大战结束后，鲁汶大学又兴建了一栋新文艺复兴风格的建筑，定为新图书馆。然而在 1940 年，图书馆又被第二次世界大战炮火摧毁，90 万册书籍几乎全部被毁。第二次世界大战后，图书馆按原状重建，如今依然可见当年的精美壁画和旋转楼梯，修复工作一直持续到 2003 年。

一所近 600 年历史的大学，难免历经沧桑，可屹立不倒自有其根源。以大学撑起两座城市，本身就是底蕴的证明。

吃着味道浓郁的青口，难免要像旁边的鲁汶年轻人那样点上一杯当地啤酒。比利时啤酒名声在外，鲁汶更是比利时啤酒之都，世界第二大啤酒公司英博的总部就在这里。

饭后在鲁汶漫步，大广场旁的一条街道上，有人将车子停在路边，将尾箱打开，或是直接在地上设摊，摆起了跳蚤市场，有旧书和玩具，还有各式小工艺品。另一条街上则有当地市集，水果居多，我们忍不住买了又买。是的，这座属于大学的小城，既有厚重的历史，又有年轻的活力。